《商業周刊》《蘋果日報》
專欄作者
謝文憲

說出影響力

3分鐘
說一個好故事
不說理
也能服人

SPEAK
YOUR
POWER

—推薦序—

說出影響力，提昇競爭力

王永福

談到「說出影響力」，我想要跟大家先分享一個故事。

八月份，強烈颱風登台，影響所及，從台北到花蓮的火車也停駛了。我打了通電話問憲哥「怎麼辦？」憲哥回我「就只能等囉！」在二天之後，我們在花蓮門諾醫院有一場慈善募款演講，除了擔心颱風打亂交通外，更擔心影響活動的出席狀況。畢竟這是一場三百人規模的演講，而且辦在風雨影響最大的花蓮，聽說還有許多人是要從西部搭車前往……

這場演講能順利舉辦嗎？看著外面的風雨，我們也只能等待了。

還好火車只停了一個晚上就復駛了，演講活動也如期開始。週日早上八點三十分，只見主辦人竟堯很開心地說：「人來好多啊！風雨生信心，颱風沒有影響耶！」在演講開始前，我們調查了一下現場，總共來了超過三百三十位聽眾！更重要的是：有一半以上的人，是專程從西部趕來花蓮聽演講的！有開車繞過南迴過來的、有搭早班火車趕來的、有前一天就入住卡位的，更有幾位是在下班之後，專程搭飛機趕過來的。

如果沒有親臨現場，實在很難想像怎麼會有這麼多人，冒著颱風天的風雨及交通不便，千里迢迢趕來花蓮，只為了聽憲哥的一場演講（好吧，也許我的演講也占一小部分），看著聽眾隨著憲哥演講的內容時而開心大笑，時而感動流淚，時而拍手鼓勵。甚至在演講結束時，踴躍樂捐塞滿了醫院的勸募箱。這時我才真正感受到「說出影響力」有多麼巨大的威力！如果你也想要有這麼棒的影響力，想透過說話影響別人，改變世界，但卻不知道怎麼開始？憲哥的這本書，將是你最好的解答！

本書將告訴你許多說出影響力的技巧，譬如什麼是「三點全露」、什麼是「破題如剪刀，結尾如棒槌」，還有不同簡報類型有哪些差別？這些在書中都有完整的架構與解析。更重要的，書中也分享了許多表達的心法。從「專心投入」到「分析觀眾」，再進一步與聽眾產生連結，還有構思跟組織的方法。憲哥在書裡毫不藏私，把他在各大上市公司教課的壓箱寶全部拿出，完整的呈現在本書中，配合公式及實例一一解析。讓讀者不只看到熱鬧，更讀懂門道。整本書含金量極高，卻又十分易讀。其實市場的反應已經證明了一切，這本書在出版了幾年之後，還能持續暢銷，代表其價值得到大家的認可。除了很榮幸替本書推薦外，身為憲哥的事業夥伴，我也想要再分享一些，大家不一定會知道的小事。

還記得一開始我提到的那場演講？其實在演講前一天我很焦慮，一直在思考還能怎麼修改？怎麼讓效果更好？這時憲哥走過來拍拍我的肩膀：「安啦！練到死，輕鬆打！一定沒問題的！」這句話很有魔力，讓我心情頓時安定了不少！可以這麼說：憲哥不僅是我的夥伴，更是我站上台時，背後重要的支持跟推手啊！

有很多次重要的上台之前，我也都會找憲哥討論，請他提供意見幫我修正，我一直對他充滿感謝！也許你不一定有機會聽到憲哥耳提面命，但只要拿起這本書，就有機會感受到憲哥在台上的魔力。更重要的是：這本書會教你，如何有方法、有步驟的說出影響力，進一步提昇你個人的競爭力！我誠心推薦！用力推薦！這是一本你在上台說話時，必須擁有的好書！

（「憲福育創」共同創辦人、《上台的技術》作者、上市公司簡報教練）

—推薦序—

被動是過日子，主動才是過人生

黃淑貞

出版社希望我能幫憲哥寫推薦序，但其實聽過他上課的人，應該都可以感受到他說話時的那股影響力，實在不需要我再多做推薦。不過我倒是可以提提當初見到憲哥時的印象。

如果沒記錯，第一次見到憲哥，是在一次團隊激勵的課程上。這樣的課我很常接觸，只是一開口就讓我印象深刻的講師不太多，憲哥是其中一位。所以在下課時我上前遞了名片，希望有機會能談談出書的可能；再次的印象就是在辦公室裡聽他說自己的故事了。

因為從事出版已經二十幾年，我見過很多成功人士，在這些人身上，我經常看到一些相似的成功特質；在聽憲哥談他自己的故事時，我再次驗證了這些特質存在者會成功的原因。而其中一項很明顯的就是：他們從來不會被動過日子，一直以來都是主動出擊規畫人生，而不是按著現階段碰到的狀況認命接受。也許正因為這樣，他們容易比一般人遭遇到更多的困難與挑戰，我相信要成功，相對的也會比別人擁有更多機會。

同樣的，如果你不去改變人生，只是按著同一個方向往下走，你可以清楚的看到未來只是一條直線，不會有太大的變化，也沒有所謂的「機會」產生；但是，如果你嘗試主動去調整方向，或許這個直線就有可能變成曲線。一旦變成曲線，人生就多了很多的變化與出現不同的機會。

其實，所有的人生道理我們都懂，但真正願意去做的，或是改變的有幾個人呢？

但在憲哥身上，我看到了很明顯的例子，也再次驗證，改變會產生生命的力量，而這股力量能夠讓你看到更多生命的未知與可能。

希望透過憲哥的書籍，我們也能夠看到自己更多改變的可能。

（本文作者為城邦文化第一事業群總經理）

各界推薦

文憲是一位用行動力與口語肢體，傳達出「一對一」或是「一對多」強大影響力的生命載體，這本書更是他無私付出的最好見證。用心讀、多讀幾遍，你就會變強大，要成功就是這麼簡單。

——雙橡園開發全事業執行長　王慶瑞

十二年的廣播生涯，訪問過上千位來賓。憲哥不僅說得漂亮、說得精采、說得頭頭是道。他之所以能打動人心、引起共鳴，是因為他說的每一點都是他做到的。

——IC之音節目主持人　任樂倫

口號激勵只能點燃員工三分鐘熱度，唯有發自真心的傾囊相授才能讓動力持久不退。憲哥的真誠、熱情與專業，讓課程每一細節都充滿驚喜，處處皆是發人省思的智慧哲理。

——PC home出版集團B2C事業群總經理　吳濱伶

把話「說出」，我可以做到，有「影響力」，我也有把握。但是要能夠「說出」＋「影響力」，那就首推兩岸超級大師謝文憲（憲哥）了。憲哥既是演說家也是好作家，站在台上氣勢萬千，手握智珠下筆如神，帶憲哥回家隨時「說給你看」。

——澤鈺智庫總經理、超級領導力　李河泉老師

憲哥雅俗共享的簡報表達方式，讓理論解讀跨越時代，帶我們輕鬆提昇自己的影響力。

——Swatch Group台灣區總經理　李佩倩

憲哥的書和他的人一樣，充滿了能力與影響力，既可快速瀏覽得到新的點子，也可細細研讀當做教材或工具書。所舉的案例與小故事，特別適合面對海嘯衝擊下的人。

——TISSOT天梭總經理　李倩

麥克風加上信念，就能說出影響力，這就是我認識多年的憲哥——謝文憲。在職場十七年的經驗中，很多朋友都說我是一個多才多藝的超級業務員，但與憲哥認識多年後，我才悟透厲害與傑出的真正差異。除了他之前的科技與房產銷售經驗中得獎無數外，轉戰職業講師數年又成為兩岸知名大師，也是電台主持人，更是多本暢銷書的作者，及教育子女很成功的父親。很難想像一人

身兼數職，能有如此傑出的表現，實在是猜不透他到底如何做到這個境界。讀了本書之後才了解，原來憲哥是位說故事與口語表達的高手。在我們日常的聚會中，有時大夥還在為某一論點爭論不休時，他一開口總是能說服別人，讓大家達成共識，帶領整個團隊往同一目標前進。這本書正是憲哥二十多年職場溝通與口語密技的精華集結。

——希望種子國際企管顧問總經理　林明樟

每個人在組織當中，都要同時面對三種人：主管、部屬及平行的同事；如何說話，去影響這三種對象，是職場成功的關鍵因素。文憲的著作，提供了良好的詮釋與對策。

——前國立中山大學校長、前台北銀行董事長　林基源博士

憲哥的行動力，常常是我激勵自己的目標；他的正向思考，更是我跟親友們舉例的對象。從兩岸知名講師做到知名作家，從行動力看到影響力；在邁向二〇一二年的同時，一定要讀這本書。

——痞客邦營運長　周守珍

憲哥是我少見真正能「說出影響力」的人！不論台上或是台下，憲哥總是能感染、激勵周遭的人去追求自己的夢想或成就非凡的事！更棒的是，每一個受到憲哥影響的人，就像是傳教士一樣，常常會將這樣的影響力擴散出去，影

響更多的人、造福更多的人群！如果你也想像憲哥一樣說出影響力，這本書就是聖經！

——奇果創新首席顧問　周碩倫

說話，是一門人生最重要的功課，能載舟亦能覆舟。口是心非或口非心是，都無法正確表達所思所想。憲哥的這本書，教會我們說話的本事，讓你我溝通無往不利。

——理周集團總裁、理財周刊創辦人暨發行人、財團法人理周教育基金會董事長　洪寶山

寫作為創新思維的體現，世上的每一個成功皆為領悟與身體力行的結果。

——和椿科技董事長　張永昌

我認識許多非常會說話的人，但都不如我第一次聆聽憲哥演講後的震撼與難忘。憲哥的說話術，已經成為一種可以「傳授」的專業，裡頭絕對不只技巧而已，更多的是真誠、熱情，以及對世界的相信。憲哥用麥克風帶給人們的影響力，是一種深入靈魂探索自我的感動，更是一種探出內心世界笑看人生的幽默——而這所有的一切，他都在《說出影響力》這本書中毫不保留地贈予我們。在憲哥的文字中，我們將學習如何引發自己內在最珍貴的爆發力，並回饋給社會大眾源源不絕的能量。

——諮商心理師　許皓宜

憲哥的影響力，猶如一顆顆投入平靜湖水的石頭，不斷引起漣漪迴響。

——台灣班尼頓貿易股份有限公司董事總經理　曾昭雄

憲哥是少見以一己之生命力親身實踐所思所言之傑出企業導師，其平日言行常展現極大之情緒感染力、讓人心情振奮躍躍欲試，其無私的生命經驗分享，更令人常生敬重之心。

——信義房屋倫理長　楊百川博士

在公開場合中，文憲的演講能在最短的時間，吸引大家的注意；在課堂中，文憲是一位極為認真的碩士生，他總能以生動活潑的方式，向大家介紹許多理論及觀念。在這本新書中，相信大家一定可以學到他的經驗及智慧。

——中原大學企研所　廖本哲博士

故事的美好價值來自於人心中的愛，而那份愛，則是來自故事主角裡親身體驗的酸甜苦辣。就像憲哥說故事的方式一樣，總是用自己親身的經歷和觀察，來做為改變人生的力量。

——環宇廣播電台台長　郭蘭玉

記得第一次上謝老師的課就被他豐富的肢體語言及幽默的表達能力而吸引，八個小時的課程在歡笑與淚水中完成，上完了課，同事已經開始問下一次公司什麼時候再安排訓練！

——VCA梵克雅寶總經理　劉大玲

認識憲哥超過五年，親眼見證憲哥透過說話產生極大的影響力，心中不斷思考「到底憲哥是如何做到的？」憲哥在這本書上完全不藏私，又易學、易懂的寫出「說」的技術，再透過演講廣播電視親身實踐「出」書上所寫的方法，果然造就了無比的「影響力」。如果你想透過說話發揮你的專業影響力，《說出影響力》這本易懂、易讀、易實踐的書將是你唯一的選擇。

——知名創新教練、《不懂這些，別想加薪》作者　劉恭甫

憲哥是公司成立至今，對所有幹部及同仁影響最深遠的外部講師。多年來，透過全員鼓動營，讓大夥兒體會熱情是傑出的關鍵；透過輔導員訓練，讓幹部們了解傳承是晉升的開端。憲哥，是說出影響力的最佳詮釋者。

——寶雅人資行政部經理　蔡明倫

每個字散發的熱力，都在告訴你我生命的豐厚就該如此：當下、全力以赴、並且是有方法可取的。

——諾瓦小學創辦人　饒韻琴

（以上按姓名筆畫順序排列）

—新版自序—

始料未及的影響力

「沒有目的，就會達成目的」、「無心插柳柳成蔭」，大概是我這幾年最深的體會吧。

不說你或許不信，自二〇一一年出版《行動的力量》、《說出影響力》至今，我已經幫國內外共計七十位以上的作者或名人寫過新書推薦長短文或是掛名推薦，其中不乏雋永且經典書籍的再版推薦，而我才正幫自己寫首篇的再版自序而已。

我不是要強調我有多受歡迎或多厲害，其實到頭來都只是出版社看得起我，讓我有一睹知名作者出書背後的點滴故事而已，我想說的是：「這些都是《說出影響力》出版以後才發生的事。」

我一直想：我是不是做對了某些事？

《說出影響力》一書的編寫目的，不是要灌輸大家或強迫自己說話有影響力有多好，而是先去理解如何說話才有影響力，以及影響力存在的價值。

話語的力量有多大？如何面對最真實的自己？進而透由話語的力量，改變你與周遭的人事物，讓自己的生活更美好，這才是我真正想做的事。

一開始，並不知道這樣做會產生多大的效果？直到透過一次又一次的演講、課程、電視台錄影、影音專欄、雜誌專訪，甚至廣播主持與論壇的現場主持後才得知，原來我與生俱來的話語力量，包含故事的陳述、簡報的架構、說服的流程、拒絕的藝術、問話的方法……都是有跡可循的。

有幸四年前，透由春光出版的發行，讓我擺脫一片歌手的恐怖夢魘與隱形壓力，不僅《行動的力量》大賣，接續的本書也受到意想不到的歡迎，這些也都是我始料未及的事。

面對人生重大轉折的今年，有幸重新出版本書，具有紀念與實質雙重意義。這本書或許就是我四十八歲最棒的生日禮物，也是我面對出版市場持續低迷、考驗自己能耐的巨大挑戰，更希望將這本頗受歡迎的好書，透由春光出版楊秀真總編的巧手與改版，能讓更多的朋友學會說出影響力的心法與技法。

「你成功了，屁話都是對的，你沒成功，對的話都是屁。」除了持續壯大自己以外，最好的方式就是時時聆聽並相信自己心中的意志，朝同個方向持續前進，不要小看自己的力量，路途中找到同行的人，掌握每一個上台或掌握麥克風的機會，你也會發現，自己比想像中的還要棒。

謝謝「憲福育創」的最佳合夥人王永福、呂淑蓮；謝謝超級簡報力的合作夥伴周震宇、馬可欣賢伉儷；謝謝Dreamer 38的合夥人許景泰、王翊軒；謝謝超級簡報力、憲福講私塾、領袖崛起的所有支持學員；謝謝一路追星聽演講的鐵粉們，你們讓我知道自己有多棒、也有多不足；謝謝管顧的好朋友們，抬轎的總比坐轎的人更辛苦；謝謝《商業周刊》、《蘋果日報》等媒體平台給我機會撰述我的文字專欄；謝謝「環宇電台」長官與企製的一路支持；謝謝春光的好夥伴們如此信任我；謝謝我的爸爸、岳母、老婆、兩個親愛的兒子，最謝謝一路支持憲哥的你們。

網路社會裡，我們天天受人影響而不自知，無論正面與負面。說出屬於你的影響力，我相信：「你的專業，一定有更好的呈現方式。」

contents

推薦序一1　說出影響力，提昇競爭力……003
推薦序一2　被動是過日子，主動才是過人生……007
各界推薦……009
新版自序一始料未及的影響力……015
破題：一段好故事可以帶來影響力……023

Part 1
說一個「動人故事」的基本功

前言……026
01 用故事說出影響力……031
02 說故事要「抖包袱」……037
03 說故事要掌握要點……042
04 說故事要身歷其境……048
05 擁有故事百寶袋……053
06 三點全露的故事經營……059
練習：說一個動人、有影響力的故事……062

Part 2

提升口語表達能力的祕訣

前言……068

07 熟悉口語表達的七大祕訣……073

08 判斷聽眾的類型……079

09 觀察聽眾的肢體語言……084

10 組織構思最好的內容……091

11 有風格特色的自我介紹……098

12 開場白要在三十秒內吸睛……102

13 三要六不要的開場白原則……110

14 收尾一句話，勝過一堆話……118

Part 3

善用工具讓說話更有魅力

前言……126

15 記住神奇的魔術數字……129
16 善用工具，畫龍點睛……137
17 好的視聽效果更加分……142
18 恐懼也是你的好幫手……149

Part 4

實際演練，邊説邊學

前言……158
19 簡報不能過於冗長……163
20 敘述性簡報：先見林再見樹……168
練習：成功的敘述性簡報……174
21 説服性簡報：強力開場＋正反立場……179
練習：成功的説服性簡報……185
22 應答妙招：三分鐘説完……190
練習：三分鐘即席簡報……195
23 積極式的影響力……197

練習：說NO的案例……204
練習：讓人說YES的案例……206

Part 5 任何人都能發揮影響力

前言……210
24 用職位發揮影響力……213
25 用專業達到影響力……220
26 1+2法則：一個事件，兩個看法……224
結尾：說得好，成為職場常勝軍……229

憲哥的影響力……233

破題：一段好故事可以帶來影響力

《行動的力量》出版以後，我多了很多身分，也多了許多以前我不曾有過的機會和體驗，我這才親眼看到什麼是影響力，以及影響力所帶來的威力。

有一回，我帶著老婆、小孩到新竹的義大利餐廳吃飯，餐廳老闆是我碩士班的學弟，才剛讀過我的第一本書。他特地過來打招呼，看到我兩個兒子，忍不住問：

「參加游泳比賽的是哪一個？」

我指著老大說：「是他，我的大兒子。」

他立刻笑著對我兒子說：「哇，你游泳的故事我讀了好感動，看完以後也覺得什麼事都不能輕易放棄，你要繼續加油喔！」

我兒子聽了靦腆地笑笑，像是不知道該怎麼回話，我想他心裡應該會很奇怪為什麼連餐廳的老闆都知道他的事。

我們都很驚訝，原來一段好故事可以造成這麼深遠的影響力。後來，我對他說：「你知道嗎？好多人告訴我，他們覺得你游泳的故事很讓人感動，也很佩服你堅持到底的毅力哦。」

「哎呀，你不要再講我的故事了啦！」

親愛的兒子，難道你怕自己太紅嗎？現在你知道爸爸上課不是白上的，出書也不是白出的吧。所以，有一兩次沒辦法去看你比賽，就請你原諒爸爸吧。

這一段時日以來，我的人生故事變得更豐富。我曾在我的部落格裡，寫下人生四十歲的宣言：「進入人生下半場，不休息，直接開始。」既然人生已開新頁，就讓我繼續透過口語表達來添加魅力的色彩吧！也請你一同來見證，經過這些簡單技巧的磨練，你是否也能藉口語魅力來發揮影響力，為你的職場工作加分。

Part 1

說一個「動人故事」的基本功

前言

之前，我待過一家福利非常好的公司安捷倫（詳情可見《行動的力量》），每三年就配一部新車給主管。民國九十一年四月，我去看了一部新車是馬自達的，後來改款叫馬自達5。看完之後，我回到家，想聽聽我認識二十年的好友、住在樓下的Spencer的意見。

我倆約在中庭抽菸聊天（當時我還沒戒菸）。

「我最近想換車。」

「又換車，安捷倫的福利真不錯。換哪部？」

「馬自達Primacy。」

他點了菸，抽了一口，吐了出來，又抽一口，好長一陣子不接話。

就在我懷疑他是不是心情不好，或是有什麼心事的時候，他總算開口說：

「Lewis，你那麼胖，那部車那麼小，不適合你啦。」

「是喔，那什麼車適合我？」這可讓我好奇了。

「嗯……我覺得你應該去看看現在最流行的福特Escape。」

「真的嗎？你真的這樣覺得嗎？」

「相信我，聽我的準沒錯。」

我這學長在知名電子廠擔任業務主管，眼光向來精準，所以隔天我立刻連絡我的汽車業務發哥。

「發哥，我朋友說馬自達Primacy不適合，福特Escape比較適合我，你覺得呢？」

通常業務員一接到這種客戶猶豫不決的電話，往往直覺反應就是要客戶打消念頭，不要三心二意。

發哥當然也不例外，他立刻回答我：「哎呀，怎麼會不適合你呢？你朋友隨便糊弄你的啦！」

但是，業務員和朋友，我會相信誰呢？當然是朋友啦！

「我說，你有沒有Escape可以試開？」總之我已經充分受到朋友建議的影響了，怎麼樣也要先試試再說。

「如果你真的要試開的話，也是有啦。看你怎麼樣，我隨便都可以啦。」於是發哥開著一輛福特Escape從中壢中園路開上中壢戰備跑道往新屋交流道下來，直達安捷倫公司門口。我試開的結果，感覺還不錯，當下就決定請發哥幫我重開訂單，我要改買Escape。

回到家之後，又到了十一點，我和Spencer再度抱著菸，在樓下中庭集合。

點開一支菸以後，我跟Spencer說我決定換Escape了。

他笑著說：「好開吧，聽我的建議準～沒～錯。」

接著他又抽了好一會兒菸，大概過了三十秒，他才說：「Lewis，你是買兩千？還是三千？」

「兩千啊！」公司的預算只夠買兩千CC。

「你買兩千的啊……」

聽他的語氣，我就知道他話中有話，連忙追問：

「怎麼了，兩千有什麼問題嗎？」

「也不是什麼問題啦，只是我有個朋友開福特Escape兩千，光是桃園林口那個上坡就爬不上去了。」

「什麼！真的嗎？」

「真的。」

二話不說，隔天立刻再打電話給發哥改買三千。

當然，只要訂單還沒跑掉，業務員總是充滿熱情和活力的。發哥立刻答應把車開來讓我試開。

他又從中壢中園路開上中壢戰備跑道往新屋交流道下來，十五分鐘就到了安捷倫公司門口。

簽了一張切結書之後，我就從中壢中園路開上中壢交流道開往桃園林口的方向，一直開到長庚醫院再繞回來公司門口，總共一個小時不到。當時心中只有一個字，爽！

回到公司同事都已經吃完飯了，我請發哥到公司附近的小麵攤吃麵，謝謝他這兩天為了我買車的事跑這麼多趟。

一邊吃麵，我一邊問他車子的價錢。不問還好，一問才知道車價根本超出預算。原本的兩千CC，扣除每個月公司提供的車貸預算還有多三千元，但是換買三千CC的話，我每個月還得自掏腰包倒貼兩千元。

這五千元的價差，讓我的心又開始動搖了。

發哥一見我神情有所異狀，立刻站起來說：「Lewis，你不要想那麼多啦。你想想看，如果有一天，你開著這輛福特Escape三千馳騁在高雄往屏東的路上，狂飆急速一百四十公里，打開天窗，搖下車窗，戴上墨鏡，點上一根菸，」他雙手一拍，「那是何等的快感啊！」

他講完這段話，讓我完全融入情境中，彷彿可以看見我開了這部車以後，從此變成一個豪邁、狂野、性格的男人。

連忙催促發哥快快交車，在民國九十一年四月十二日，我的人生駕車經歷直接從一千六百CC躍升到三千CC。但是，公司規定三年可以換車，我這部車開了兩年零十個月又十八天，就迫不及待地賣掉了。

你們知道為什麼嗎？耗油？錯！是「非～常～耗～油！」而且保險貴、保養貴、零件貴、稅金貴，更重要的原因就是——我從來沒有開過高雄到屏東的那段路。

發哥的這段描述裡充滿圖像和畫面，讓我彷彿聽得到車裡的音樂、看得到山高水闊的美景、聞得到有別於都市叢林塵囂的新鮮空氣，連皮膚都感覺到涼風拂過的快感。他不是賣你車，而是賣你夢想。

這個故事告訴我們，如果你的故事說得好，說得動人，說得巧妙，你就有可能透過故事發揮出驚人的影響力。

01 用故事說出影響力

你覺得什麼樣的訊息傳遞方式，比較容易讓對方印象深刻？而什麼樣的內容表達，容易讓對方清楚了解？

成人的暫存記憶

根據一項針對成人暫存記憶的研究顯示，如果你拿一篇文章給成年人閱讀，過了一段時間再去問他，他腦海中的暫存記憶印象只剩下百分之十六。如果把文章換成投影片，效果會好一點，大概還剩下百分之二十。如果你解說給他聽，暫存記憶可以提升到百分之三十。

如果在給他看投影片時，加上內容解說，或是再增加彼此問答、互動的機會，對於成年人而言，所能記住的內容比例就更高了。

成年人的暫存記憶

閱讀：16%
眼見：20%
耳聽：30%
眼見＋耳聽：50%
眼見＋耳聽＋問答：70%
參與＋互動：90%

加州柏克萊大學，則曾經進行過一項長達十年的觀察研究。他們的研究結果顯示，一般人對業務人員或服務人員所產生的第一印象，主要來自於外型或肢體語言。

也就是說，眼睛所看到的，比起聲音、語氣，甚至是說話的內容，都讓人更為印象深刻。而對於業務人員或服務人員所說的話、所用的語詞等等，通常大家都不太注意聽，沒什麼印象。

在研究裡也指出，通常在一次簡報、演講或服務過後，一般聽眾在一個小時之後就忘掉大半的內容了。隨著時間不斷拉長，記憶印象也越顯薄弱。到了一週後，要是你再問起那一

人們對服務人員的第一印象通常來自於：

55%：外型與肢體語言
38%：吸引人的語調
7%：話語或詞句內容

一次簡報、演講或服務過後，聽眾的殘存印象：

一小時後：剩50%
一天後：剩20%
一週後：剩5%

次簡報、演講或服務，聽眾往往只記得所有內容的百分之五。

至於**那神奇的百分之五，就是演說者或服務人員所提供的故事、例子和親身經歷。**

從自己本身說起

請你現在闔上書頁，回想這一章從開頭到這裡讓你印象最深刻的部分。你一定還記得憲哥買了一輛福特Escape三千，不到三年就賣掉了，而且你也知道我賣掉的原因是因為那台車又貴又耗油，更不用說我從來沒有享受過業務員發哥所描述的那段，在高雄到墾丁狂飆一百四十公里的奔馳旅程。

這就是說故事的神奇魅力。

善用說故事的方法，不只可以幫助你提升口語表達能力，讓別人更樂意聽你說話且印象深刻，進而產生影響力。

所以，在你有話要說的時候，不妨可以試著**從故事**、**例子和親身經歷這三個方向去尋找素材**，讓你說話的內容更有趣味、更有內涵，也更吸引人。

一開始用故事吸睛

現在，說一個我經常在課堂上運用的故事給大家聽。

有一位樵夫，他每天都上山砍柴，他的斧頭又利又順手，每天都可以砍不少柴，維持一家子的家計。

可是，隨著時間一天天的過去，樵夫的斧頭因為日復一日砍大柴、砍小柴的結果，刀口漸漸變得不鋒利了，使用起來也不再像是新刀時那樣順手。可是樵夫不在乎，因為他相信自己有很好的技術，也有很堅定的毅力，就算斧頭不順手、不好用，他也還是可以砍到不少柴。

有一天，一位獵人在森林裡遇見了這位砍柴的樵夫。獵人看見樵夫氣喘吁吁地用鈍掉的斧頭砍柴，每一刀都讓他的肩頭更費力，每一次落刀，都讓他幾乎感受不到刀口砍進木頭裡的深度，光是要砍小根、小樹枝，都花了他好大的力氣。

獵人看了搖了搖頭說：「兄弟，歇一會吧，你的斧頭鈍了，去磨一磨吧！」

可是樵夫的手完全不敢停，他仍舊喘著氣要獵人少廢話，他說：「我砍柴都來不及了，哪有時間磨斧頭呢？」

各位親愛的朋友，我們在職場裡工作，就好像那位砍柴的樵夫，即使我們的手藝再好、能力再強，手邊的技能總會有不足和被淘汰的風險。如果我們不好好來上課、學習新知，把我們手上的斧頭好好地磨一磨，讓刀口重新恢復鋒利，那麼，就算有滿山的樹林讓我們砍，我們也砍不了多少啊！所以，請大家下次千萬不要再說：「我連上班都沒時間了，哪有時間上課啊！」

現在，我請求各位，好好地利用今天的時間，認真聽完這堂課，讓你們帶著鋒利的斧頭回去吧！

這個故事非常簡短，但總是能發揮很大的作用。用一個能夠產生共鳴的小故事去傳達我的要求，大家理解故事的道理後，自然就會接受我的意見，也會對我接下來要說的內容保持較高的專注力。

02 說故事要「抖包袱」

請你回想，在你認識的人當中，哪個人說的故事總能讓你聽得津津有味呢？一位說故事高手需要具備什麼能力呢？

一個好故事具備的條件

一位好的說故事的人，往往具備了以下幾個特點：

- 使用適當的肢體語言。
- 選擇合宜的說話音調，搭配恰當的服裝。
- 良好的故事鋪陳手法，善用起承轉合。
- 極佳的情境塑造能力。
- 具備豐富的語言表達能力與詞彙。

我建議大家，如果想要好好提升口語表達能力，或是練習說故事時的技巧，可以多去聽相聲。我大二的時候，就非常著迷表演工作坊的《那一夜，我們說相聲》，驚訝於原來故事可以光靠兩個人在台上說說講講，就能讓台下觀眾聽得哄堂大笑。

其中，我印象最深刻的是，有一回李立群和金士傑兩個人說到〈廢話演講比賽〉這個橋段：

其中一位先說：「我們從小就開始接受訓練，好參加『廢話演講比賽』。」

另一位則問：「什麼是『廢話演講比賽』？」

「小學生上台即席演講前，會先抽一個題目。比方說，抽到的題目是『新生活運動』，抽到的時候心想：『糟糕！我沒有背到這一題。怎麼辦？』」

「完了！」

「沒關係，廢話演講比賽最好的一點就是，不管你抽到什麼樣的題目，你都可以用同樣的話來結尾。」

「怎麼說？」

「這麼說，我示範給你看。我們都知道，在台灣，正在推行新生活運動，但是，新生活運動到底是什麼運動呢？我覺得這並不重要，重要的是，我們在推展新生活運動的過程中，我們對岸的大陸同胞，正生活在水深火熱的鐵幕之中。如果我們可以把新生活運動做好，我相信我們未來一定可以解救水深火熱的大陸同胞，現在，請大家跟我一起來吶喊：『中華民國萬歲！』總之不管什麼題目，都可以此為結論，反正是『廢話演講比賽』嘛！」

「原來這就是『廢話演講比賽』呀！」

「還不只如此呢！現在這些小孩都長大了，飛黃了，騰達了，很多都是社會上有頭有臉的人物，還有人成了政府官員呢！你不要小看咱們的政府官員，他們可得要是『廢話演講比賽』的冠軍才能當的。我告訴你，咱們有個單位叫立法院，官員們開完會從立法院走出來以後，記者們立刻蜂湧而上。

「『部長、部長，請您談談剛剛在院會裡發生了什麼事情？』

「部長總算開口：『嗯～呃～這個～呃～我想～大家辛苦了！』

「記者當然不滿意，立刻再追問：『部長、部長，請您再多說一點！』

「部長想了想，再說：『嗯～呃～這個～呃～我想～大家辛苦了！』

「記者還是摸不著頭緒，又問：『部長、部長，可以請您說重點嗎？』

「部長的臉色一擺，丟下一句：『我剛剛已經講了，你新來的喔！』就即刻搭車離去了。」

「嘿！那部長到底講了什麼！」

「不就跟你說了他是『廢話比賽冠軍』了嗎！」

在這個相聲段子中，兩位相聲演員，不只說話的速度隨著故事的情境描述忽快忽慢，更會配合效果，學著大家熟知的政府官員的鄉音腔調說話，還會刻意做幾秒鐘的停頓。每次我只要聽到了那個段落，就一定會忍不住噗嗤笑出來。

「抖包袱」的妙用

後來我才知道，原來這就是埋哏，專業術語叫「抖包袱」，是刻意要安排讓聽眾發笑的。相聲演員在表演的時候，就好像扛著包袱走路，路上偶然突起了一個點，腳絆了一下，包袱就抖開來了。這個包袱一抖，觀眾就會大笑，一路上包袱且走且抖，觀眾就笑聲不斷。

相聲的體驗給了我很多啟發，在我還不知道「抖包袱」的原理時，有次，我就不知不覺的使用了。

高二畢業旅行時，最後一天的晚會，學校規定每一班都要派人上台表演；高中男生沒有人會對畢旅晚會的表演有興趣。班長把這個工作交給我，要我想辦法找人去表演，我問了很多人，都沒有人願意。

難道要在晚會上讓我們班的表演開天窗嗎？我可不想。於是，我利用在遊覽車上的時間寫了一小段稿子，打算套用吳兆南和魏龍豪的段子，自己來說單口相聲。我把學校老師、教官、校長的口頭禪全編了進去，說話的時候還不時帶入一些動作模仿，立刻造成滿場轟動。當天晚會最佳表演MVP的大獎當然就落到我的手上。

比起獎品、獎金，更讓我高興的是，我成功地運用了說話的技巧，而且獲得了好評，後來在校園中還從沒沒無聞的乖乖牌，成了無人不曉的風雲人物呢！

我並不是說我們一定要去依樣畫葫蘆，或是要說得像他們一樣好、一樣誇張，而是透過模仿的過程中，慢慢將一些技巧內化到心裡。等到我們能將這些技巧運用自如，走出自己的風格以後，就不再需要模仿別人了。

03 說故事要掌握要點

在本章裡，憲哥不藏私，打算一次把壓箱的祕訣全部傳授給你。

說一個好故事的八大要訣

要說一個好故事，只要掌握以下的八大要訣，就離好故事的標準相距不遠了。

1. 要感動【別人】之前，先感動【自己】。
2. 多講【生活經驗】才容易引起共鳴。
3. 掌握【七分】真實、【三分】改編的原則。
4. 聚焦重點與目的，將枝節重新裁剪。
5. 善用【暫停】，讓聽眾產生聯想。

6. 運用【抑揚頓挫】、【輕重緩急】的語調，塑造身歷其境的感受。
7. 當角色不只一人時，要善用【肢體互置法】。
8. 以【金句】或【俗語】收尾，達到故事的完美結局。

第一個祕訣很簡單，如果我們說的故事，連自己都不覺得感動，那不如就不要拿出來講了。

排行第二我選擇的是「要多講生活經驗，才容易引起共鳴」。

為什麼歐巴馬的演講能夠這麼生動？就是因為他選擇的演說題材，觸及到了社會各階層群眾的心聲。演說的內容和群眾產生共鳴，是他們生活中容易了解的議題，像是學費、稅金等民生議題，或是愛國心、國家榮譽等國家與人民尊嚴的主題，這些都是聽眾心裡本來就重視的事。彼此間對議題有共同的關心，歐巴馬的呼籲或政見，當然也就說進了民眾的心坎裡。

「七分真實、三分改編」的原則，我覺得是最有用處的說故事訣竅。這麼多年來，我說了那麼多的故事，我自己的心得是，**百分之百原汁原味的真實故事，有時候反而不見得能引起感動**。故事的真實度有七分，再加上三分改編的戲劇效果，往往能抓住聽眾的注意力，讓感動的幅度加分。

假設你不小心弄錯了訣竅，說了一個三分真實、七分改編的故事，那麼你的聽眾很快就會從中發現蹊蹺，覺得你是在瞎掰。一聽就知道是「假」的故事，就不可能會讓聽眾覺得感動了。

說故事要善用暫停

說故事的時候，我們心裡往往有設定了一個目標，希望透過故事的傳遞來達到什麼目的。我說這個故事給老闆聽、給客戶聽、給同學聽或給兒子聽，在故事的背後可能都有特定的目的。

只要目的抓準了以後，目標以外的枝枝節節都可以重新再刪減或增修，讓故事本身更有趣味性，更能吸引人。

再來是在敘述故事的過程中，善用「暫停」的概念，往往可以讓聽眾產生特別的聯想，讓聽故事時更有互動感，也能產生不同的效果。這在前面說相聲的例子裡，大家應該能夠輕易的體會。

使用不同的說話節奏，靈活應用語調的輕重緩急，甚至是採用不同的聲調去扮演不同的角色產生對話，本來就會使故事本身變得立體，讓聽眾有身歷其境的感覺。如果在說話的過程中，偶爾停頓，這些長短不一的停頓就會幻化出不同的效果，讓聽眾有懸疑感、突兀感，對故事的後續發展也就更有興趣。

例如，我每次上課一開始自我介紹時，很常講的一段：

「民國八十七年我出了我人生第一本書，這本書的書名叫《房屋推銷王大公開》，這本書現在全省誠品金石堂各大書店都——（停頓一下）沒有在賣！」

根據我數千場課程演講的效果看來，這一招，沒有人聽了不笑，百發百中！

肢體互置法

如果你的聲音沒有辦法做太大落差的區隔，在有必要扮演不同角色的

⇨ 肢體互置法

同一人依故事中的角色分飾兩角，可用變換位置或聲音來表達兩人之不同。

時候，可以試試肢體互置法。

因為透過動作和位置的變化，能使說故事時不致流於呆板，是說長篇故事時值得參考的好方法。

例如，說到我兒子刺激我戒菸的故事時，就可以運用：

有一天，我兒子從學校拿了老師發的戒菸貼紙回家，問我：「爸爸，我們老師說這個貼紙要貼在抽菸的人看得到的地方，我要貼在哪裡啊？」

「我每天都看得到你，不然貼在你頭上好了。」

「好啊，那爸爸你以後看到我，就不能再抽菸囉！」

我一會兒演爸爸，一會兒演兒子，一下左看，一下右看，有時尖聲學童音，有時低沉扮父聲，故事情境就這麼鋪陳出來了。觀眾不但看得一清二楚，也很容易引發興趣。

最後，我建議大家在故事的結尾，以金句或俗諺來收尾。最後的這句話如果帶得巧妙，就算你的故事前面說什麼聽眾都忘了，他們還會對最後的金句有深刻印象。而金句的旨意剛剛好也是這個故事所要傳達的核心精神。

就以剛剛那個戒菸的例子來說好了，我在說這個故事時，可能可以這樣結尾：

各位親愛的朋友，現在我成功戒掉二十幾年的菸癮，而且已經好幾年沒再碰過半根菸了。國父說：「把一件事情從頭到尾做到完，就是成功！」我相信你我都有力量能夠改變，讓自己越變越好！謝謝大家。

國父說的那句話，就是很漂亮的金句，這在第二章裡我會跟大家分享更多好用的金句，以及應用的時機。

04 說故事要身歷其境

另一個好用的方法是，五感表達法。這是一種故事情境用圖像表達的技巧，也是講故事入門最簡單的方法。

五感表達法

Words become pictures, pictures become emotion!

說故事時讓人彷彿可以看見圖畫，而圖畫所營造出來的情境，會帶動聽者的情緒。

這個方法在業務員進行推銷話術時非常管用。因為，只要讓聽故事的人將感受轉化為行動，你就達到了影響的目的。

如果你看過購物頻道的主持人表演，就會很了解什麼是情境式銷售的話術。我們往往可以看到主持人搭配來賓，介紹完要販售的產品後，立

即開放熱線搶購，同時，主持人就扶著耳機，彷彿聽到什麼不可置信的消息：

「什麼！導播你說什麼？已經進倒數了？怎麼會？不是才剛剛開放搶購而已。不可能吧……真的假的？快點，各位觀眾0800xxxxxx電話趕快打進來，導播說已經剩最後幾組了，請把握機會，千萬不要錯過……」

雖然這些主持人有時候實在是入戲太深，但是的確透過主持人的描述，會讓觀眾彷彿也聽到導播傳遞的熱銷訊息，就很容易因此跟著緊張，進而產生搶購的衝動。

我們不需要學習他們這麼誇張的手法，但是在你說故事、描述的時候，多運用感官的感受字眼，文句組合起來，就容易讓聽眾覺得所聽到的故事很有畫面。看到、聽到、聞到、嚐到，加上皮膚感覺到，多利用這五感的表達方式，可以讓故事說得生動又立體。

五感的運用

某一家知名冷氣品牌，曾經找我去上課。我發現他們在公司裡設置了一間體驗室，裡面區隔成兩間小房間。

一間是單調的房間，放置了一台至少用了七、八年，不知名品牌的舊冷氣，冷氣一開，還沒感覺到涼爽，先聽到機器賣力運轉的聲音：

（嗡……）

業務員這時就會誠懇的詢問體驗的顧客：「陳先生，您覺得怎麼樣？」

「嗯……不太涼，有點吵。」

「這樣嗎？那請您到隔壁體驗一下。」

一進入另一個房間，明亮的燈光，舒適的沙發，明顯又不高調的冷氣讓人不可忽視，品牌很清楚可以看出正是最新款的「變頻冷氣」。

「陳先生，請隨便坐，我現在開一下冷氣，您再體驗看看。」

一陣涼風吹來。（無聲……）

「怎麼樣？您聽到了嗎？」

（無聲……）

「感覺如何？有聽到聲音嗎？」

業務員完全不需要再多說一句：「我們的冷氣，安靜又涼爽。」就能輕鬆讓體驗者感受到「安靜又涼爽」。這就是情境式體驗銷售，讓你真實感受，而不會覺得只是業務員在胡亂吹捧。

其實，說故事的時候，也可以有類似的效果，舉幾個例子讓大家參考：

- **看到**：「陽光照耀在海面上，看起來　像是有幾千片閃光放在一起。」
- **聽到**：「午後砸下一聲大雷，聽起來像是有人拿著鑼鈸在我耳邊用力互擊……」
- **聞到**：「一走進那房間，就有一種走進魚市場的錯覺，聞起來充滿腐敗腥羶的味道。」
- **嚐到**：「甜甜的、涼涼的、軟軟的，嚐起來就像是草莓果凍……」

・**皮膚感覺到**：「九月天的太陽真是毒辣，出門一趟，要是沒有防曬，包準曬傷，感覺像是皮膚塗過辣椒水一樣……」

吃起來的感覺要說出來

我曾經到一家知名連鎖漢堡公司上課，他們有一堂店長培訓的課程，會要求每一個店長試吃各種漢堡，然後請他們將吃進嘴裡的感覺描述出來。像是漢堡外皮的咬勁、雞肉的嫩度、蔬菜的爽脆、醬汁的味道等，將各種透過嘴巴、牙齒、舌頭的感受仔細描述，讓顧客像是也跟著你吃了漢堡，品味了口感。

「剛咬下去的感覺……」

「吞下喉嚨以後，覺得……」

「十秒以後，口中還有……」

這些都是透過味覺的描述，描述得好，你嚐到什麼，顧客彷彿也能嚐到什麼。善用這五感進行情境式的描述，熟練了以後，你就會是說故事的高手。

05 擁有故事百寶袋

說故事的人，光只有技巧是不夠的，還得要有豐富素材才行。**說故事的高手通常有兩個口袋，一個裝故事，一個裝金句**，只要口袋夠深，說起故事來就能旁徵博引，變化萬千；要笑點有笑點，要哭點有哭點，不管是勵志上進，或是感人肺腑，隨便一出手，都是好故事。

好的故事素材

就我的觀察，好的故事素材，大概有以下幾個來源：

- 寓言故事
- 歷史故事
- 自身經驗

- 他人經驗
- 演講座談會
- 電視／書本／報紙／雜誌／電影等媒體來源
- 生活上的點點滴滴

最重要的一點是，你必須去分類、歸納整理，讓故事為你所用。

我建議大家，平時就可以多多觀察四周的環境，一看到有趣的事件、景象，有了靈感立刻記錄下來，就算只有寫下關鍵字也可以。關注人、事、時、地、物等幾項故事元素，好好地組織整合，埋入爆點，故事的內容就會很豐富了。

有時候，很多網路故事大家都傳來傳去，大部分的人都看過就算了。但我覺得這也是一個很好的故事來源。我會挑出覺得有趣的故事，分類、整理過後，練習說說看，記住重點，就可以納入我的故事百寶袋裡。在有相關的需求出現時，故事自然而然就能脫口而出。

我先提供一個我運用寓言小故事的案例，為大家拋磚引玉。希望未來每個人的故事百寶袋都可以越來越充實，隨口就能變化出各種精采的故事。

患絕症的富翁

我看過一篇文章，裡面說了一個很不錯的故事：

有一個富翁，他得到絕症，他去請教一位隱居的名醫。醫生說：「你這個病基本上是無藥可救，如果你要救的話只有一個辦法。」

「什麼辦法？」

「我這裡開給你三帖藥，每一帖你都要確實遵照我的指示去做，才有可能起死回生。而且，一帖完成才能開下一帖藥方。」

富翁回到家中，打開第一帖藥方。

「請你到一個沙灘去，躺下去三十分鐘。」

儘管富翁覺得很荒謬，但是為了求生，他還是找了一天，找了一座沙灘，在沙灘上躺了三十分鐘。

沒想到，他一躺竟躺了兩個小時。他覺得好舒服，他張開耳朵聽著海浪的聲音，看著藍天白雲，還有沙灘上嬉戲的人潮；他突然很納悶，為什麼他這麼有錢，卻活得這麼不快樂？

接著，他打開第二帖藥方。

「請你在沙灘上尋找到五隻魚、蝦、蟹，然後把牠們丟回海裡。」

富翁覺得莫名其妙，但還是照做了。

第三帖藥是：「請你找一根樹枝，在沙灘上寫下所有讓你不滿的事。」富翁很快就寫了一大片，隨著時間慢慢過去，海水漲潮，海浪一陣又一陣地打上沙灘，把他所寫的抱怨、憤恨、悲傷，全都消去了。

富翁回到家以後，果然覺得全身舒暢，什麼不舒服都不見了。

我自己的解讀是，這個故事告訴我們三種人常見的困擾。因為我們學不會三件事，所以我們不快樂。

第一帖藥，讓你躺在沙灘上，打開眼睛耳朵，享受陽光、輕風、海浪。這在告訴你一件事：休息。你每天忙著上班，忙著上課，你記得要休息嗎？我也是一樣，我看完這個故事時，分外體會到休息對我的重要，因為我曾經因為工作過度而腰傷一個月不能下床。

第二帖藥則是要我們學習付出，當你幫助別人時，你會感受到快樂。哪怕只是一隻小魚小蝦。

第三帖藥讓我們知道如何放下，那些憤恨與不滿，都能隨著海浪的沖刷而消失，很多事沒有想像的那麼嚴重，其實根本不用記在心裡的。

把故事說完，再用你的話來詮釋，故事就能為你所用，進而產生意義。

最後別忘了，當你有個新故事的時候，先對著身邊的家人、朋友練習說說看。如果他們聽完都覺得很有趣，有機會就可以把故事應用到簡報、演說、推銷，或是任何你需要說話的場合上。

故事多談失敗經驗，更有認同感

想要簡報和演說有特色，除了投影片、影音等外在資源，想要讓演說更動人，一定要善用故事。特別是自己的故事、自己失敗的故事。

你們可能不知道，說自己的失敗經驗，意外地會有好效果發生。在我的觀察裡，當我以自己的失敗經驗做為舉例時，聽眾的反應比較容易有共鳴，而且不管你說的內容是什麼，大家通常都會相信。「我曾經不小心闖過紅燈……」、「我當菜鳥的時候常被主管罵……」諸如此類的經驗，聽眾都會相信真有其事。反倒是自我吹捧的話，聽眾反而會想幫你打折扣。

「我以前業績超好，每個月都上百萬……」、「我一個月可以賣掉二十台車……」不論你說真的還是假的，聽眾都會感覺你有膨風的嫌疑。

所以，多運用失敗經驗來切入，聽眾的共鳴會更高。就算故事的內容可能是七分真實、三分改編，聽眾聽完還是會覺得可信，並且接受故事的影響。這就是成功的口語表達魅力。

你不妨仔細想想，哪一種方式最適合自己。針對技巧多加練習，相信你一定會有所受益，讓演說生動。

06 三點全露的故事經營

在講故事的流程中，建議分成三個階段；每個階段裡，都必須要有一個重點，我稱之為「三點全露的故事經營」。

動人故事小祕訣

你的表達，有趣和無趣的差別就在於故事。能夠用感人易記的故事來陳述，聽眾往往也會給予你最熱情的回應。

以下是說動人故事的公式：

- 切點——用特殊易引人好奇的方式介紹主角出場。
- 第一個爆點——把故事主角面臨的決策或挑戰有趣的描述出來。
- 第二個爆點——用多采多姿的情節，描述會產生的結果。

・放點——告訴聽眾為什麼要用心聽你的故事。

如果把一個故事形容成一條魚，在魚頭的位置要有「切點」，**也就是在故事的前段必須先破題，以活潑生動的開場白來創造共鳴，與聽眾做連結**；要像剪刀一樣，銳利切入要點，告訴聽眾「我要說這個，不是說那個」。這就是「破題如剪刀」的概念，也是切點的概念。

在這個階段裡，說故事的重心要放在人物、場景的描述，用圖像式的方法來呈現內容，會讓聽眾更投入。

而魚肚的位置，就是**在故事的中段，我們要盡量安置爆點，不管是「笑點」或是「哭點」，最好能讓聽眾一聽就難忘，擁有超深刻的印象**。

這個部分在剛開始學說故事時，可能沒有辦法運用自如，不過隨著經驗度增加，累積了大量的實戰能力，你的爆點就會埋得很漂亮了。

關於「爆點」，其實跟前面說的「抖包袱」很類似。

在歌曲演唱裡，也有一個很動人的演唱技巧，被稱為「hook」，就是歌曲唱到其中一句突然飆起高昂的樂音。這一段突然高音的演唱，如果表演得好，所有聽眾都會全身起雞皮疙瘩，深深被歌手感動。

說一百次聽眾都會有反應就是好的hook

在說故事的過程中，「爆點」或「哏」埋得好，包袱抖得漂亮，每回說到妙處，聽眾都會給予熱烈的回應。第一次說有人笑，第二次也有人笑，說到第一百次還是有人會笑，這個爆點就是好的hook了。

最後，在如魚尾巴的故事尾段，我們要「放點」。**把原本說得熱烈激昂的情緒一點一點收回來，步調放慢，只留下一個要讓聽眾記住的重點，故事的收尾就會很完美了。**

在放點的位置，直接用金句來包裝，是個很不錯的方法。最有名的例子，就是在金恩博士為黑人爭取自由的那場〈我有一個夢想〉的演說中，最後強調的「我們終將自由。」（We are free at last.）許多人為這句話感動。這就是金句的力量。

當然，你不能選擇太通俗的句子，例如：「各位親愛的朋友，這個故事讓我們學到一點——時間就是金錢。」這就太普通了。

「結尾如棒槌」。在故事的最後，給聽眾一句話，如當頭棒喝，留下暫停和空白以及一些思考的時間，再感受你想要傳達的價值觀和態度，促使他們產生行動，這個故事就成功了。

練習：說一個動人、有影響力的故事

以下這個故事，讓憲哥來示範一下，如何把各種說故事的技巧融入其中，說出一個動人的故事。

各位親愛的朋友，「生活充滿心動，光想總是成空。目標加上行動，改變才能成功。」↓**破題如剪刀的「切點」**。

有多少時候，我們只是眼看著別人成功，心想著我也可以做到，但是卻從沒有真正付諸行動呢？憲哥的職場過程中，歷經了許多次的改變，有過低潮，也有過高峰。我今天能夠站在這裡，就是因為我很努力地磨練自己，因為我能夠把握機會、展開行動。↓**要感動別人之前，先感動自己**

我一直不認為，只有我一個人是有行動力的人。事實上，每個人都有行動力，只是你還沒有去好好運用而已。最近我身邊有許許多多成功的案例發生，在這裡說一個跟大家分享。↓**多說親身經驗**。

我有一位學員在銀行業工作，之前是航空公司的空服員，自從她上過我的課以後，就成了我的超級大粉絲。**↓介紹主角出場**。

她原本工作的銀行，曾經大規模地舉辦過一系列為期半年的職訓課程。其中一門儲備業務主管的培訓課程，在結訓時要求每個學員要上台簡報八分鐘，分享上完課後的心得。**↓點出主角遭遇的狀況實例**。

而坐在台下聽取簡報的對象全是長官。她抽到下午簡報的場次，當天中午還特別打電話給在日月潭上課的我，說：

「憲哥，請借我五分鐘，我有非常重要的事情要問你，我今天下午要跟副總做簡報，你可以給我什麼建議？」**↓可善用語調變化和肢體互置法呈現**。

我跟她說：「好，有三個祕訣。一：多講故事，二：多講例子，三：多講親身經驗。最後，廢話少說。

「『這個課程讓我學到很多東西。』廢話。

「『我們銀行是一間很好的銀行。』廢話。

「妳千萬要記得，聽眾的時間非常寶貴，他只想聽他想聽的，同樣的事絕對不想聽上數十遍。所以妳要講的是經過學習與內化後的產出，而不是千篇一律的廢話。」

最後，她說了什麼呢？

她說：「上完這個課程後，讓我產生最大的變化是，擁有了『行動力』。」↓**這裡是「爆點」，說出來之前，建議多停一兩秒。**

「以前我對台灣的廟宇很有研究，大家都知道鎮瀾宮每年都會舉辦媽祖遶境活動，我雖然做過很多了解，但是從來沒有親身參與過。現在，我有了行動的念頭，特地請了兩天假，想要實際到現場去感受媽祖遶境時的熱鬧氣氛，就買了火車票，從松山車站出發。

「現場真的是熱鬧非凡，彷彿整座大甲鎮都沸騰起來了。耳邊聽到的都是鑼鼓喧天，眼睛看到的是滿山滿谷的信徒，鎮瀾宮前面的人潮，數都數不完。鞭炮放了又放，鼻子聞到的全是燃香和炮竹的味道，我感覺到一股興奮的開心，幾乎要起雞皮疙瘩，因為我終於親身體會到遶境的氣氛了。」↓**運用五感表達法來描述，話中有畫，帶領聽眾進入情境。**

「我甚至真的爬到轎底下（遙控器一按，投影片跳出了她鑽轎的照片），還與全國知名人物顏清標委員合照（遙控器再按一下，果真是兩人合照）。

「如果我沒有打電話訂票，沒有去火車站取票，沒有趕上火車，沒有鑽過轎底，沒有鼓起勇氣開口跟顏先生說：『顏委員請問我可以跟你合照嗎？』就沒有今天大家看到的成果。

「老實說，老師說的東西，我大部分都知道，可是，我們都沒有行動。我最近上過憲哥的課，也讀了他的新書《行動的力量》，還帶著書去參加他的簽書會（遙控器再按，出現她參加簽書會場和憲哥的合照），讓我更加體會行動的重要性。」↓**多采多姿的情節描述**。

「因此，接下來我有兩個計畫。計畫一是……計畫二是……雖然公司給我的薪水不多，但對員工的照顧與栽培，是顯而易見的。我的心中充滿感謝，沒有各位，就沒有今天的我。謝謝大家。」↓**掌握「七分真實、三分改編」的原則，讓故事更有趣。多突顯有趣的重點，省去多餘的枝節**。

最後，副總告訴她，她在所有儲備主管中的簡報表現最好。↓**描述會產生的結果**。

這個故事不只告訴我們行動力能夠帶來什麼樣的改變，也可以看出故事對聽眾可能造成的影響力。各位朋友，一千個想法，不如一個行動。↓

金句結尾如棒槌，讓人印象更深刻。

光是想沒有用，光是知道沒有用，請將想法付諸行動，積極說出你的影響力吧。↓有力的結論。

Part 2

提升口語表達能力的祕訣

前言

進入信義房屋以後，我有一個體會：人要怎麼樣才會成功？長得帥、長得美，成功機率高；名校畢業、家世顯赫，成功機率也高。如果什麼都沒有，那就只好娶個有錢的老婆，看能不能少奮鬥二十年。

假使你跟我一樣，連這一點也做不到，那就只能學我的方法：努力工作。

我在信義房屋當業務員時，在信義房屋新生店二樓的儲藏室住了一年，每天負責保管鑰匙和保全卡，雖然公司規定員工九點上班，但是我早上七點半準時開門。鐵門打開，報紙拿進來夾好，桌子整理乾淨，就準備打電話開發客戶，晚上同事們都回家了，我就負責收拾關店。

一整年的時間裡，早上前腳下樓就是上班，晚上後腳上樓就是下班回家，全台灣說不定沒有上班族的通勤時間比我更短。

當時，深受蘇店長的教誨，他說：「你們不要小看穿著打扮普通的客人，在新生南路周遭，穿得越普通的人統統都是有錢人，穿著亮麗、西裝筆挺的，全是業務員。」所以我特別留心那些清晨起床運動的阿伯、歐巴桑。

有一天，一位穿著藍白拖鞋的阿伯，騎著腳踏車經過店門口，他腳踏車一停，竟然開門進來找我聊天。

「喂，你們這家店怎麼這麼早就開門？」阿伯像是來找厝邊一樣，跟我打招呼。

我謹記店長的話，立刻很客氣地回答阿伯：「對啊，我們每天都這麼早開門。」

我當然不敢想阿伯起這麼早是來找我買房子的，果然，他下一句話就是：「借問一下，你們這裡有沒有報紙可以看？」

「請看！請隨便看！」原來阿伯是來看報紙的。

阿伯也不客氣，就坐下來吹冷氣、看報紙，看完就揮揮手，騎腳踏車走了。

「敢情這位阿伯是把這裡當成里民服務處了？」我聳聳肩，看著阿伯遠去的背影，當然也只能笑一笑、搖搖頭，再繼續回去做我的事。

想不到，阿伯每天早上來看報紙，一連看了兩個禮拜，這次阿伯報紙看了一半，抬頭看著我，開口問：「少年仔，有沒有茶可以喝？」

深呼吸了一口氣，仍然露出笑臉，很快地拿了個茶包，泡了杯茶給他。

「阿伯，請喝茶。」

「呵呵，謝謝你啦。」

阿伯就這麼一邊喝茶、一邊吹冷氣，直到各大報都看了通透，才揮揮衣袖、騎鐵馬而去。

就這麼又過了一、兩個禮拜，這次阿伯喝完茶、看完報紙，竟然沒有馬上離開，而是問我：「少年仔，你每天這麼早就上班啊？」

這位索求無度的阿伯現在是要聊天了是嗎？沒關係，來者是客，我也有的是時間。

「是啊，阿伯，我每天早上六點多從中壢來台北上班。」乾脆說得辛苦一點，看阿伯會不會可憐我，對我有好印象。

「是喔，你每天都這麼認真喔？」

「是啊，年輕人打拚一定要這樣才會有成就啦！」

「這樣啊，不錯不錯，少年人要打拼才會成功。」

就在我以為阿伯已經閒聊結束的時候，阿伯又開口：

「少年仔，我有一間房子，想交給你賣賣看……」

聽到「房子」這個字眼，我的耳朵立刻豎了起來。

「阿伯，那有什麼問題，交給我就對了。請問您的房子在哪裡？」

「喔，房子喔，我的房子在臨沂街啦……」

聽到「臨沂街」這個字眼，我的眼睛立刻睜大，眼珠子差點掉下來。二話不說，摩托車準備好，催著阿伯立刻來去看房子。兩個人一個騎鐵馬，一個騎小綿羊，飛快飆到店後面的臨沂街去看房子。

那幢房子雖然在巷子裡，行情也有一千多萬。阿伯簽給我代售的價錢是一千四百五十萬，在當時幾乎算是天價了。

早上九點半開早會，店長讓大家報告昨天工作的業績狀況，輪到我時，我站起來說：「報告店長，我簽了一筆臨沂街五十七巷一千四百五十萬的房子。」

店長驚訝得忍不住驚呼：「真的嗎？你是怎麼簽進來的？」

我也表情嚴肅地說：「報告店長，這案件我經營了快半年才簽進來的。」

所以你說早上班有什麼好處？很可能會讓你經營出一筆大買賣呢！

很多人抱怨自己懷才不遇，明明是千里馬，卻沒有遇到好伯樂。在我看來，如果你的條件真的比別人好，那麼只要比別人更努力，機會一定也會比別人更多。

沒有人是天生的，人人都是媽生的。想要擁有口語表達魅力也一樣，不論你天資如何，都需要經過練習。天資好的人，經過練習一定可以更上一層樓，成為真正的武林高手，靠著一張嘴就能行遍江湖。即使是天資不夠好的人，只要善加練習，不斷地充實、磨練自己，最後也一定能夠享有因為口語表達魅力帶來的影響力。

以下憲哥要告訴大家提升口語表達能力的重要祕訣。假使大家平時就能好好體會、詳加練習、臨場巧妙應用，相信人人都可以是具備口語表達魅力的說話高手。

07 熟悉口語表達的七大祕訣

在憲哥這麼多年教授簡報技巧和口語表達的課程中，歸納出七個能夠為你帶來成功的重要訣竅。

重要必備訣竅

這七個訣竅依序分別是：

1. 專心投入
2. 分析聽眾
3. 組織構思
4. 視聽效果
5. 反覆演練

6. 放鬆心情
7. 愉快享受

這七大訣竅有一個很重要的原則：前比後重，不可顛倒。

我們都知道，想要成功，一定要有目標。有目標才有策略，目標不同，策略就不同。任何事情只要你專心投入，就比別人更有機會成功。

在演說時，如果給人你很認真、很努力、很投入的感受，或許技巧不是那麼好，但聽眾還是會很認真的聽，這樣在不知不覺中就能展現影響力。

舉例來說，有兩位簡報者，A簡報者雖然口齒伶俐、肢體語言豐富，可是他的態度看起來隨隨便便、東西也忘了帶，檔案存在哪裡也搞不清楚，這就很容易給聽眾一種輕慢感。

B簡報者，口才和溝通能力或許不太好，可是不管資料或投影片都非常精采，每個步驟都很熟練；通常在兩相比較之下，一般聽眾會給B的分數高一點。

所以說，「專心投入」是七大祕訣中最重要的一環，也是全面提升口語表達的入門第一招。畢竟**態度是做事的基礎，認清楚自己究竟為什麼而做、為什麼想做，才有可能做得好。**

說話找對key man

正所謂「擒賊先擒王」，了解你的聽眾特質，體會聽眾的需求，設想簡報或演講的場合裡誰會來？他會想聽什麼？這可以協助你在準備的過程中事半功倍，第一時間找出key man。

每一次上台說話，都表示你帶有某一種目的；無論是報告績效、推銷產品，還是要說服聽眾去做什麼事。而台下的聽眾中一定會有你主要想訴求的對象，所以即使大多數的人都沒聽進去，只要關鍵人物聽進去，你說話就達到目的了。這些人就是你的key man。

真正上台後，第一眼和群眾接觸，就能透過現場觀察，針對key man的需求掌握他們的心理，調整說話的內容，讓簡報更有影響力。

當然，你所要說的內容，也最好主題明確、清楚闡釋，才不會讓聽眾鴨子聽雷，失去耐心。

掌握群眾心理比掌握小眾或特定人物的心理容易。如果今天你的聽眾人數越多，意謂著你的訴求目的越簡單、越單純，不管誰來聽，你都只要說一件事，這樣你就能全力以赴去把要說的這件事說好。

但是，因應場合不同、聽眾不同，你就得看場合而有不同的打扮、選用不同的故事案例，連說話的聲調、節奏的應用上也該有所變化。

舉例來說，在二〇一一年六月三十日這一天，我趕了兩場演講。早上的行程參加了十大青年領袖培訓營，對一群年輕的大學生談「實踐」。下午立刻前往雅虎的年度會議，對來自全省各地的廣告商演講「說故事影響力」。

這兩場演講的人、事、時、地、物都完全不同，我在進行準備工作時，在策略上相對也有所不同。

那天，我多帶了一套衣服，早上到了北投捷運機廠，台下坐的幾乎都是來自國立大學大三和大四的學生。我一身輕鬆卻不失莊重的POLO衫加西裝褲，看起來不會嚴肅，剛剛好可以和聽眾拉近距離。

下午吃完飯我立刻變身為西裝筆挺的講師，在社會歷練超豐富的廣告商代表面前談笑風生。

這就是分析聽眾，因應不同的聽眾類型和場合的需求，表現出最佳的口語表達魅力。

搞懂聽眾要什麼

另外舉一個相對比較失敗的例子。

在我進入科技業之後不久，這家外商，決定要將一家公司分成兩家公司。這並不是由台灣公司來決定，而是總公司交辦下來的。所以，台灣公司的負責人（我的老闆）受命必須將同仁召集在一起，佈達這件事。

會議的目的是要讓同仁知道為什麼公司需要做這個切割。組織異動之後，因為還沒有正式調整職務，所以有新舊兩位總經理。原來的總經理，要帶領其中百分之七十的員工，待在原本的公司繼續努力，而新的總經理，將帶領其他百分之三十的員工，一同營運新分割出來的公司。

也就是說，在台下的所有成員，有七成是原來公司的同仁，有三成是即將要分割出來的同仁。

原來的總經理，在說明完分割的理由以及公司未來會有什麼樣的變化後，將麥克風和最後二十分鐘的時間，交給新任的總經理。

新公司的總經理上台後，立刻開始滔滔不絕地說新公司的願景、好處，接著和那三成的新公司成員交待大家個別負責什麼，他大概講了十分鐘後，台下有七成的聽眾開始不耐煩了。

「這又不是我要聽的。」

「這跟我沒關係，那是你們新公司的事，如果你跟我說新公司的股票可不可以買，我還會比較想聽。」

「到底我還要坐在這裡聽多久？」

聽眾開始蠢蠢欲動、惶惶不安。然後，有人接起電話或從後門跑掉，場面變得很難控制。到最後，差不多只剩下一半左右的人了。

那一次的簡報對我來講是一個學習。我在一旁觀察，新任的總經理到底出了什麼問題？他不知道台下的聽眾想聽什麼，只是用他原來的版本去佈達。議題內容只有新公司的成員需要了解，而沒有照顧到現場其他七成的聽眾需求。我覺得這是個很失敗的案例，值得大家借鏡。

08 判斷聽眾的類型

那麼，如何判斷聽眾的類型呢？

找到 key man 或是決策者之後，可以用幾個向度來觀察，判斷他是屬於哪一類型的聽眾，然後「對症下藥」！

聽眾類型四象限

我們來看「判斷聽眾類型」這張圖。

X 軸的座標聽眾的行事性格導向，越偏左的聽眾屬於比較徵詢聆聽型的人，越偏右的人是較善於發號施令的。

Y 軸要觀察的是人格特質，越往上

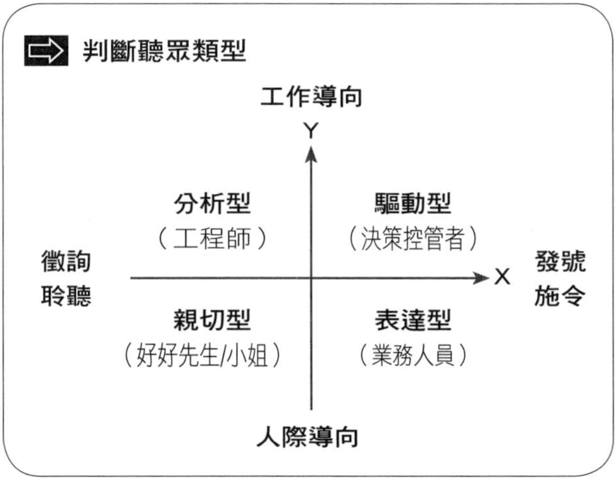

X軸與Y軸的屬性說明

・X軸：徵詢聆聽

✓少用聲音強調己見
✓表情態度沉著著收斂
✓深思熟慮
✓提問多於說明
✓身體多後仰

・X軸：發號施令

✓聲調富變化
✓強調自己意見
✓表達意見清楚、節奏快
✓說明多於提問
✓身體多前傾

・Y軸：工作導向

✓含蓄的行為
✓行為審慎、仔細
✓多些事實、詳情
✓少用手勢
✓少個人情感
✓少講故事
✓少話家常
✓交流有關任務的訊息

・Y軸：人際導向

✓表情開放
✓較少表達事實
✓說話帶手勢
✓手掌向上張開
✓交流個人感情

每次觀察一方面，識別最準確

四種類型的聽眾

分析型（沙悟淨）
具推斷力，一絲不苟
喜好資訊，按部就班
謹慎行事
＜有組織的簡報＞
perfect

驅動型（唐三藏）
獨立，實際
冷靜，坦率
＜有效率的簡報＞
powerful

親切型（豬八戒）
平易近人
配合度高
忠誠，有耐心
＜故事性的簡報＞
peaceful

表達型（孫悟空）
外向，熱誠
積極，有衝勁
率真善表達
＜創意性的簡報＞
popular

的是屬於工作導向的人，越往下的人是屬於人際導向。

根據X軸和Y軸的兩個向度去觀察之後，大概就可以把聽眾區分成以下四種類型：

• 分析型（工程師）：如果以西遊記的人物來分的話，我會把沙悟淨歸類成分析型。這種人往往具有推斷力，做事常常按部就班、一絲不苟，而且非常喜歡搜集、整理、分析資訊。

他們較偏愛有組織的簡報，而他們要求的關鍵詞通常會是「perfect」。

• 驅動型（決策管控者）：類似唐三藏的性格。就是無論這個人的做事態度如何，都無法改變他是師父，其他人是徒弟的事實。所以最後大家一定要聽從他的決策。

驅動型的人物，通常要具備獨立、實際、冷靜、坦率的特質。這類型的人物通常得日理萬機，所以他沒時間聽廢話，他會要求最有效率的簡報內容，關鍵詞是「powerful」。請不用扯得太遠，直接告訴他什麼最好、什麼最有效、什麼最適合，給他強而有力的答案就好。

豬八戒&孫悟空

- 親切型（好好先生／好好小姐）：親切型的人物也許是我們在職場中最常見到的一種類型。一般來說，親切型的人不管在待人處事上都是平易近人、配合度高的，而且他們會對企業、主管有較高的忠誠度，而且做事較有耐心。

這類人像是豬八戒。因為雖然豬八戒討厭吃苦、容易出小狀況，但他卻也是最融入團體、最隨和、最希望大家一起去西方取經的角色。

親切型人物喜歡有故事性的簡報類型，要掌握他們的關鍵詞是「peaceful」在平和中尋求感動，所以請別給他們太生硬、太枯燥、太刺激、太跳

tone的內容，他們不買這個帳。

・表達型（業務人員）：就像是孫悟空。這個類型的人最大的特徵就是外向、熱誠、積極又有衝勁，率真又善表達。只要給他們一個表演和發揮的舞台，他們往往就能發光發熱，而且樂在其中。

這類型人物最愛有創意的簡報，越新奇、越炫、越好玩，越能引起他們的興趣。他們的關鍵詞是「popular」，只要能讓他們嗅到可以帶動群眾熱情的味道，他們就會全神貫注的想聽你會帶給他們什麼驚喜。

在分析聽眾類型時，我建議大家一次只觀察一個方面，這樣你所得到的訊息，將能提供你更準確的判斷。

09 觀察聽眾的肢體語言

如果你的聽眾是陌生人、初次見面，或是不熟的對象，比較難事先做功課。這種時候，可以到臨場多觀察、多留意，從聽眾表現出來的肢體語言來做判斷。

肢體透露心聲

在我的觀察裡，聽眾會有以下幾種比較關鍵的肢體動作，傳遞出不同訊號。透過對這些訊號的詮釋，可以幫助你了解現場大概有什麼狀況，以及你需不需要想辦法即刻因應。

- **防禦訊號**（手於前胸彎起）：當你發現聽眾中有人出現這一類的動作時，他可能正對你有所防備。如果平時就有這類習慣的人，通常會給人一種不太好親近的感覺；因此，這個動作能免盡量免，能戒盡量戒。假使聽眾中有出現這種訊號，或許你帶給聽眾比較大的壓力，建議你先把注意力放到其他聽眾身上。環視全場是個不錯的方式；把現場的聽眾大致區分成幾個區域，然後輪流把目光放向每個區域，而不緊盯著某個特定方向。

・**預備訊號（微坐傾身）**：這類訊號可以從坐姿上來判斷。椅子坐一半，身體前傾，通常這種坐姿會有幾種可能狀況。一，他要問你問題；二，他準備去上廁所；三，隨時準備出去接電話。這時候，你要不著痕跡的保持注意，做好隨時因應的準備。

・**深思訊號（撫下巴）**：摸下巴的動作，可能表示聽眾正在思考你說的話。

・**懷疑訊號（摸鼻子、搔耳）**：諸如摸鼻子、摸耳朵，眼光不確定，這可能是聽眾對你所說的話不以為然，內心有所懷疑的訊號。

多掌握聽眾的心理，能夠讓我們比較不會心慌意亂。冷靜下來，依據你的判斷，微調你說話的內容和語調。也許可以透過多一點的故事、問答互動等等的形式，讓趨於沉悶的氣氛，重新活絡起來。

聽眾的肢體語言詮釋

• 防禦訊號
（手於前胸彎起）

• 深思訊號（撫下巴）

• 預備訊號
（微坐傾身）

• 懷疑訊號
（摸鼻子、搔耳）

建立與聽眾的共鳴

試想，如果在台下坐了二十分鐘就能聽到重點，和坐了五十分鐘才聽到重點，感覺有什麼不一樣？其實，聽眾想聽的重點是你可以給我什麼幫助，而不是聽你吹捧我們公司，或你有多厲害。**只要重點抓住了，自然會抓住聽眾，這個重點，就是「共鳴」**。

「共鳴」這個字，我們可以把他解釋為「connection」，那是一種橋樑，把你跟我連結在一起。好的共鳴可以化解緊張。

只要能夠掌握與 **key man** 之間的連結，就容易產生彼此之間的共鳴，讓關鍵人物對你更有印象，對你要說的內容更有興趣。

就像上台演練的學員知道我是 key man，也知道我讀過武陵高中，他可能會說：

「我哥哥是武陵高中畢業的……」他一講到武陵高中我的頭就抬起來了。

「我哥哥大概跟憲哥只差兩屆……」哦？是嗎？我會不會也認識呢？是學長還是學弟呢？

「我哥哥曾經跟我說，能念武陵高中是他這輩子最值得的事……」這樣啊，那他以前說不定也是風雲人物，因為我也這麼覺得……

「接下來，我要跟大家分享我的高中生活……」嗯，說來聽聽看吧……

當你成功讓key man抬起頭來，產生興趣和好奇，你的影響力就開始發揮了，千萬要好好把握時機。

和群眾產生連結

在演說的過程中，連結（connection）也是在撒網。也就是我丟出的網能夠一次網住多少人，就意謂著我能與多少人在頃刻間建立連結，對他們產生多少影響力。

我舉個簡單的例子。

有一次我到一家電信公司上課。那時候我才剛開始當講師不久，上課前真是非常緊張。我記得當時的課程題目是經銷商的領導與管理，台下坐的都是全省各大經銷商老闆。當時心裡多少有點惴惴不安，害怕出糗，也怕沒人理我。

當時我心想，一定要讓他們把注意力留在我身上。暗自想著以前在跑業務時常用的「異中求同拉五同」的方法管不管用？還是有其他更好的、可以與他們產生共鳴的方法？

深呼吸幾口氣，走上台，我一開場就說：

「各位老闆大家好，如果由各位來講貴公司有多好，一點都沒什麼了不起，如果說由我來說貴公司有多好，那就有吸引力了。我有一支09＊＊的電話，這支電話我用了八年，還捨不得換掉，因為貴公司的通訊、服務實在太好了。」

我講這些話的目的，當然有一部分是要吹捧一下付錢請我來的電信公司有多好，另一方面是我要建立與他們之間的共鳴。這個共鳴就是：現在這個站在台上講話的這個人，也是我們的客戶。

或者我到另一家銷售生活用品的公司上課，我可能會說：

「各位同仁，過去這一年來，我手上有六檔股票，只有一檔賺到錢，這檔股票就是貴公司的股票。我買的時候三十塊，現在已經五十塊了。我從五張買到二十張，但最樂的不是我，最樂的是我老婆，但是我要誠懇的告訴各位，你們所待的這家公司，是一家不到一年內，能由三十塊躍升到五十塊的成長型公司。你們公司（停頓一下）很～賺～錢。大家好，我是憲哥，今天我要幫大家上的課是……」

好的共鳴可以化解緊張、會搭起你與聽眾之間的橋樑。所以，在簡報之前，不妨先想想看：我跟聽眾之間到底要連結成什麼樣的共鳴點。

所謂「異中求同拉五同」就是：同鄉？同好？同姓？同學？同事？同科系？有沒有共同的類似經驗？只要能被你找到一個到兩個你跟台下聽眾之間的共通點，就很容易切入話題。

分析聽眾並不是很困難的事，只是需要保持敏銳的觀察力，事前多做功課，就不難掌握聽眾的需求與心理。你只要在現場恰如其分地把準備好的內容闡述出來，提供聽眾想聽的重點，一定能發揮你的口語表達魅力和影響力，達到簡報或演說的目的。

10 組織構思最好的內容

一場簡報或演說能不能成功，關鍵除了要想清楚「你有什麼目的」、「要讓誰聽進去」以外，還有兩個重點，就是「你要怎麼說」，還有「你要說什麼」。

憲哥教你怎麼說

其中，憲哥可以幫助你的，就是教你怎麼說，至於你要說什麼，這一定要靠你自己來決定。你要怎麼組織構思你的演說內容，這個別人並不會知道，你也無法直接把別人的好案例直接搬過來講。

換句話說，你一定要先確認你的題目是什麼？你的內容是什麼？不管這一場簡報的時間多長多短，它一定有一個目標。目標有可能是你要分享一個經歷、要通知一件事，或是說服聽眾答應你的想法，甚至只是想娛樂

簡報基本架構（例：20分鐘，16頁簡報）

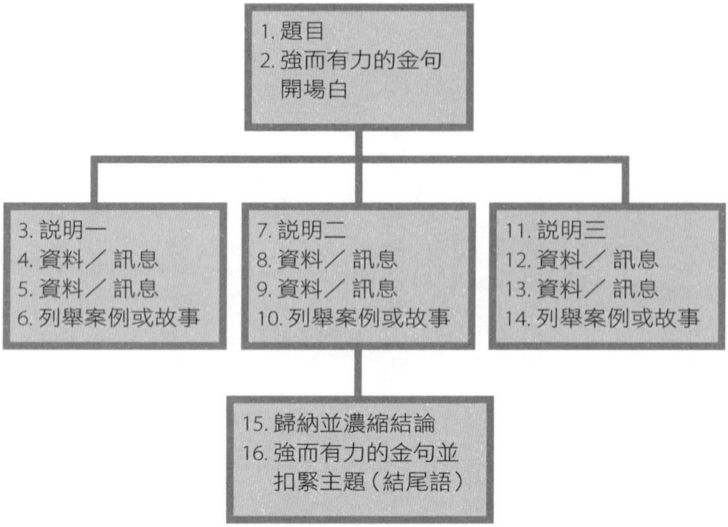

大家。這些都只能由你自己來準備。

不過，憲哥可以幫你一個小忙，教你怎麼整理想說的事，讓話更容易清楚的說出來。

我在職場中看到的簡報類型，最常見的是二十分鐘的簡報。也就是說，對象是老闆、客戶時，二十分鐘是最長的接受度。

這個時間長度的簡報內容，建議搭配的投影片不要超過十六張。投影片做得越多，你會把越多東西塞進去，最後要不是講不完，就是講得很趕。少做幾張反而沒差，因為重點不在投影片，重點在你要說的內容，投影片只是輔助。

以二十分鐘十六張投影片為例，平均一張投影片要講一分多鐘，大家不妨可以依此架構去套用不同題目、內容多做練習。

從這十六頁投影片的簡報架構來看，大家可以明顯看出三個區塊，分別是頭、身、尾。頭的部分就是開場，身的部分也就是你所要講的主題，最後則是強而有力的結尾。

對於中間「身」的部分，最好不要一次討論太多議題，以三個為最佳；如果超過三個議題，一來你可能說不完，二來聽眾也可能沒耐性聽。雖然說議題的內容憲哥幫不上忙，但是，以我的經驗來說，在談重點的時候，把前面的說故事技巧拿來善用，往往可以讓你的主題更明顯易懂。

接下來，憲哥要全力協助你，一股作氣在彎道加速，準備起飛。在簡報的開場與結尾時，只要你能將憲哥告訴你的各種技巧靈活應用，我保證你的簡報絕對不同凡響。

破題如剪刀，結尾如棒槌

好的開始是成功的一半。不管是演講、做簡報，就算是只說一個三分鐘的故事，想要成功，我們就要把握一個「萬年不敗」的必勝原則，那就是「破題如剪刀，結尾如棒槌」。

破題的概念就是剪刀概念，我要講這個，不是要講那個。要像一把剪刀一樣，告訴聽眾，我要講什麼？我不要講什麼？要把簡報的目的，一開始就清楚的點出來。

結尾的概念就像是拿一把棒槌朝你頭上重重地打下去，我要讓你在離開這個聽講的場合時，留下深刻的印象。所以在即將結束前的一、兩分鐘，給聽眾一記當頭棒喝，所以收尾一定要猛，破題一定要炫。

我在一家銀行上過簡報技巧的課程，而且特別安排了一整天，讓每一位學員都有上台八分鐘的簡報演練的機會。學員們必須先在家準備，到了當天比賽，依抽到的號碼順序上台發表。

那一天，我們在該銀行的大樓中進行課程。這棟大樓的特色就是演講廳超大，可以容納得下好幾百人。平常主管架勢挺好的學員，臨到要站在講台上面對那麼大的場地、和那麼多聽眾說話，多數人都會不免渾身僵硬、語調緊張。

當天的最佳MVP，不是頒給台風最穩建、長相最稱頭、投影片最炫、說話最大聲、口條最麻利的學員。而是由一位整體簡報架構最嚴謹，內容闡釋最清楚的學員獲得。他的表現證明了一件事：他把憲哥教的都聽進去了。

他一開場就說：「憲哥喜歡棒球，我也喜歡棒球。」**→一開場就和 key man 產生連結。**

他這句話一講完，我頭就抬起來了，我要聽聽看他到底要講什麼。

他繼續說：「兩年前，兄弟象有一位投手名叫廖于誠。**→故事開場。**

「熟悉棒球的人都知道，他在兄弟象投球時，是一位指標性的投手。為什麼呢？他是從練習生開始，一路跳躍成為王牌投手的成功案例。各位知道嗎？他在練習生時代，薪水只有三到五萬，表現並不突出。可是經過教練的改造之後，他不只能夠在大型比賽站上投手丘，而且是兄弟象的王牌投手。每到禮拜天，兄弟象隊都會派他上場，也因此讓他得到了『假日潛水艇』的外號。

「他最讓我印象深刻的比賽是，他在二〇〇九年的一場比賽中，手指已經投到破皮流血了，但他並沒有放棄比賽，反而要求教練：『給我三秒膠』。因為他要把傷口以藥用三秒膠糊起來。

「就在投手丘上，所有球迷、觀眾都看著他把傷口黏起來以後，繼續拿起棒球、投下一球。那個畫面，感動了多少人。

「可是，在同年的『黑象』風波當中，他自承曾收組頭六十萬，雖然他最後把錢全部退回去，但他在道德上已有瑕疵。記者問他，你為什麼要收組頭錢？他說六十萬是我一年的年薪，當時我家裡正需要用錢，如果有了這筆錢，我就可以解決很多財務上的問題。

「他只是一步走錯路，就造成一輩子再也回不到職棒球場的後果。因為他曾經涉嫌收賄打假球，雖然最後判決的結果他並沒有涉案，但已經有了道德上的瑕疵，造成無法彌補的遺憾。

「各位想想，那麼有名的棒球投手都會因為六十萬而損失他的人格；更不用說一般人了。很多人因為小額的財務需求，就不得不走向地下錢莊，甚至因此誤入歧途、鋌而走險，不是嗎？**↓把問題拋給聽眾**

「今天〇〇銀行有一個短期的信用貸款，最新理財產品豐・利・金。」

↓破題如剪刀，立刻切入主題。

他的投影片按了下一頁：「豐」、「利」、「金」的概念簡介。**↓主題**

內容簡介。

接著三頁投影片，詳細介紹產品內容。**↓三大重點的簡報主文。**

遙控器再按，結論跳出來，他接著說：「這是我在這家銀行十年所見最好的一項產品。如果你不想跟廖于誠一樣，為了短期間的資金需求而走上錯路，相信這是你最好的選擇。」**↓個人掛保證的結論，如同棒槌一樣的結尾，要聽眾產生行動。**

結尾語。

投影片最後一頁，當然是金句：「選擇豐利金，救急最安心」**↓金句**

當他的「謝謝大家」四個字說完，向觀眾鞠躬之後，台下響起了如雷的掌聲。

他的簡報架構超完整，而且，光是在現場聽完他說的簡報，我都有一點被說動了。這是一場非常成功的案例，沒有華麗的噱頭，可是卻能說入人心。

11 有風格特色的自我介紹

只要是上台報告，你一定需要自我介紹。利用自我介紹的時機，可以和聽眾建立連結關係，抓住他們的注意力，或是強化別人對你的深刻印象。

名字連結開場法

有時候在一開場，我會刻意地講出我是武陵高中畢業的學生，或是強調我畢業於逢甲大學企管系。目的是為了要引起現場有相關經驗的聽眾注意，讓自己和部分的人產生共鳴和共同點。

如果對方是科技產業，也許我就從時事中的科技新聞談起，或是聊聊這家公司的股價。同樣是在自我介紹，切入點可以完全不同。也可以依現場需求，和我想要獲得的效果去做調整。

假設是到了比較相熟的場合，例如我經常開課的金融企業，大部分的人都已經認識我或上過我的課了，那當然就不需要做太多的自我介紹。

去年我幫一家科技公司上課時，出現了一位超有創意的指標性學生，真的讓我萬分佩服，當場就讓她拿下簡報技巧單場ＭＶＰ。

她一上台，遙控器一按，喇叭就播出曲調哀怨悲苦的前奏。她深深一鞠躬，接著傳來台語歌后江蕙動人心弦的歌聲：「雨夜～花～雨夜花～受風雨吹落地～」現場氣氛悲情到最高點。

「大家好，我就像這首歌一樣，從小生長在悲情的環境裡，我叫吳．雅．惠。」

說到這裡，現場已經全部笑成一團了。但接下來，她描述自己小時候的家庭背景，「我是老二，我都不曉得，我爸我媽在看到我第一眼的時候，是什麼想法。我想一定很失望，第一個是女兒，第二個又是女兒！我們家一連生了四個女兒，就是為了想要生個兒子。」很具臨場感的描述，輕描淡寫的悲哀加上逗趣的表情，所有的觀眾都被她牢牢抓住眼球，心底浮上淡淡的同情，對於她樂觀的態度，一定跟我一樣佩服。

我覺得這是個很成功的自我介紹，一開口就讓人印象深刻。

再說另外一個例子。

之前我去一家產險公司上課，剛好有一位女學員的名字叫陳妍希。她一開場自我介紹，就先放一張《那些年，我們一起追的女孩》中的女主角陳妍希的照片，說：「大家好，這是陳妍希。」

接著，立刻秀出自己的照片，「這也是陳妍希，我們同名同姓。」如果你叫沈佳宜，我想也會有同樣的效果。

我自己很常用的一段開場白是：「最近，我周遭的同學都開始寫論文，我突然也跟著變成一個熱門人物。因為每天都有人跟教授說：『教授，我要找文獻（憲）寫論文。』」我想，只要寫過論文的人聽到這段一定都會發出會心一笑。

不要硬兜諧音

不過，憲哥要提醒大家，任何方法都千萬不要硬套，要懂得活用，要選擇自己合用的。如果你的名字沒有特色，其實也不用特別拿名字來做文章。開場白的形式可以千變萬化，只要是經過設計的開場，都能讓聽眾留下深刻印象。

有一回我請學員上台自我介紹，一位學員上台時先播放了一段喜餅廣告，但可能因為是網路上的影音檔，效果不是很理想。影片播了幾秒，廣告台詞出現「奉天承運，皇帝詔曰」……畫面結束。

學員說：「大家好，我是皇文……」他報上大名之後，就開始說內容，可是我聽了半天還聯想不到剛剛播放的影片，和他有什麼關係。

又聽了好一會，終於忍不住打斷他：「不好意思，我打斷一下，請問剛剛最開頭的影片有什麼含意嗎？」

「因為我叫皇文。」

這時台下有人開始交頭接耳，有人偷笑，而我還沒想透。

「請問可以再多說一點嗎？」

「因為皇文就是皇帝的文字，皇帝的文字就是聖旨，聖旨開頭不都會寫奉天承運，皇帝詔曰嗎？」哇！這會不會繞得太遠了……

這是很多人都會犯的錯誤。我們在想哏的時候，有時候自己覺得埋得很漂亮，可是這並不是目的。我們的目的應該是讓聽眾能理解、能體會、有同感，大家才會發笑。

12 開場白要在三十秒內吸睛

自我介紹結束，接著就要正式開始簡報；開場白講的好不好，會嚴重影響這場簡報的成敗。換句話說，如果這場簡報時間為二十分鐘，那麼前面三分鐘，就有百分之五十的機會，去決定整場簡報會成功還是失敗。前三分鐘裡的前三十秒，更是關鍵中的關鍵。

五個很讚的開場白

當你面對的不是一群陌生人，而是公司裡每天都要碰面的同事、主管、下屬，這時，你不需要再創造連結。

你可以利用一個很短的故事來開場：

「大家都知道，上個星期某科技業的陳博（陳博士）打電話到公司來，談到有關維修品質的問題，我相信大家都跟我一樣很困擾。今天，大家一起來集思廣益，想想看有沒有什麼辦法可以解決這個困擾……」

或是：

「大家好，我要跟大家分享一下我個人的經驗，關於如何處理客戶抱怨問題的心得……」

講一個大家都知道的事情當作開場，就是一種不錯的方法。譬如說：陳博可能是公司裡大家都知道的機車客戶，你一講到陳博，大家就都會笑。要**用聽眾角度思考去設計開場**，會是比較好的選擇。

案例一：

聽眾分析：想知道如何投資中國股市賺大錢的聽眾。

開場白：

我相信大家來到這裡，都是想知道如何用最安全又快速的方法在中國賺錢，這就是我接下來二十分鐘要跟你們分享的。

- **憲哥講評：一開始就讓聽眾了解聽你說話有什麼好處。**

案例二：

聽眾分析：由開發癌症新藥的藥廠邀請來的客戶。

開場白：

你知道在台灣每七分鐘就有人被診斷出罹患癌症嗎？你知道在台灣每十四分鐘就有人死於癌症嗎？接下來的十五分鐘，我會跟你們分享我們公司的新藥是如何延長癌症病人的壽命，並且擁有品質更好的生活。

- **憲哥講評：利用一件有趣的事情，或是統計數據來開場。**

案例三：

聽眾分析：想要聰明購物的人。

開場白：

我以前每次走進一家店想要買東西，結果和業務聊一聊，就買了他們想要我買的另一樣東西。我曾經為此感到很沮喪，但是現在我再也不會讓這種事發生了。這就是我今天要和大家分享的重點，如何「每天」都得到你想要的。

・憲哥講評：人們喜歡聽到個人成功的故事，用個人奇聞軼事來開場一向很有用。

案例四：

聽眾分析：平板電腦發表會來賓。

開場白：

各位喜愛3C產品的朋友們，這世界上的平板電腦有數十種，但對我而言只有兩種，一種是iPad，另一種是iPad以外的。為什麼我會這樣講呢？因為現在市占率最高的平板電腦是iPad。但是，最近我們公司有了新產品，我把這個新產品帶回家，我兒子看到以後的第一句話是：「爸爸，這好像變形金剛哦！」（接下來的敘述立刻能連結到產品的廣告台詞……）

・憲哥講評：劃線的那段話，是一種很好用的說法，大家不妨可以試著套公式說說看。

案例五：

聽眾分析：想找婚禮顧問的準新人。

開場白：

想一下你最近參加的婚禮裡，有沒有哪一場是你覺得很糟糕的？（等聽眾回應後，重覆說一次聽眾在意的事）婚禮是你們人生中最重要的一天，你一定不希望這些事情發生在你的婚禮上，對吧？這就是我們的工作，我們要確保這些事情不會發生在你人生中最美好的日子上。而這也是我接下來三十分鐘要跟你們分享的事，你可以做什麼來確保你的婚禮真的會是你人生中最美好的一天。

- 憲哥講評：用問問題來開場是個好方法，能讓你和聽眾一起想著同一件事。

還有哪些開場白的材料

這裡列出幾個方向提供大家思考，但是請注意，這些方法不見得每個人都適合，你必須得選擇適合自己的，說起來才不容易卡住。

- 趣聞軼事：有趣的故事、新聞事件、笑話。

・引證事實：數據、圖表等描述事實的內容。
・激發問題：把問題拋給聽眾，讓他們心裡對題目產生想法和意見。
・驚人敘述：故意誇大，讓人對講者所說的內容感到驚奇。
・相反的意見：站在不同的立場，提出極不相同的意見，或故意從反方切入。
・引用名言：貼近、呼應主題的名言金句。
・引述歷史：借古喻今，以歷史故事典故來開場。

通常我們不用把全部技巧都學會才能上台講話，只要先熟悉其中兩、三種，有機會常常交互運用，多半就會有很好的效果。

但是在你還不熟悉或是還沒背好、沒把握能說好之前，不如先不要使用。事前做好充分準備和練習，讓自己的武器裝備更齊全，臨要上場時，就不會手忙腳亂了。

四十秒的引言與得獎感言

最後，我要教大家如何充分運用四十秒。除了開場白外，還可用在擔任會議或演講的引言人時，和獲獎時的得獎感言。

> 引言人公式
> 主題（10"）——重點（20"）——姓名（10"）

當你是一場會議或演講的引言人時，最忌諱的就是還沒介紹主講人，自己就劈里啪啦的講了五分鐘。讓台下的人等得不耐煩，也讓主講人一頭霧水，搞不清楚到底誰是主講。

所以我建議當引言人時，四十秒是最剛好的時間，套上上述的公式就可以了。用十秒把今天這場演講的主題說出來，再用二十秒列出一到二個今天內容的重點；最後用十秒快速的介紹今天的主講者，記得報名字時放慢速度唸，觀眾多半會爆出如雷的掌聲。

得獎感言公式

謝（10"）——功（10"）——用（10"）——謝（10"）

通常獲獎人一聽到自己的名字，多半會高興的說不出話來，憲哥建議你，別緊張，只要深呼吸一口氣，用四十秒快速套用上述公式，包準你講出一段漂亮又不失禮的得獎感言。

首先，用十秒來謝謝主辦單位給這個得獎的機會，再用十秒將這個將之歸功於最想感謝的人；接著說你將來會用這份殊榮做更多的事，最後十秒是再次感謝其他想感謝的人。如此，該感謝的人都提到了，還會給人不邀功的感覺，是一種非常好用的謝辭公式。

13 三要六不要的開場白原則

我自己在無數場簡報的經驗過後，歸納出一個好的開場白原則，就是「三要六不要」。

三要六不要

○前兩分鐘要跟聽眾緊密連結。
○要把金句當作第一句話。
○要用故事開場，用金句收尾。

這三要的重點，就是想盡辦法抓住聽眾的注意力，讓聽眾印象深刻。也就是「破題如剪刀，結尾如棒槌」的概念，就算只有短短兩分鐘的開場白，你也可以把握這個原則。

×不要一上場就講笑話。

×不要說「感謝各位聽眾捧場」。

×不要說「很高興能與聽眾共聚一堂」。

×不要說「主辦單位請我來講」。

×不要一上場就道歉。

×不要大聲喊「早安」、「午安」、「晚安」。

這六不要，大家就比較需要多了解一下，以免犯了相同錯誤，讓自己的簡報成效打折扣。

我建議大家不要一上場就說笑話，原因不是因為這個方法不好，而是萬一沒人笑，不好笑，那現場氣氛不是一下子就冷掉了？再說，恐怕很難找到那麼多所有人都覺得好笑的笑話。特別是很多笑話都帶有一點性別歧視、宗教歧見或是政治立場等等。如果你分析聽眾的工夫沒做好，不小心犯了某個聽眾的忌諱，說不定反而會惹來麻煩，得到反效果。

至於「感謝各位聽眾捧場」、「很高興能與聽眾們共聚一堂」、「主辦單位請我來講」這些句子則都太過八股了、沒有新意。我們不希望聽眾從第一秒鐘開始就覺得無聊。試著換些新鮮的語句來開場吧！

再來，不要大聲喊「早安」、「午安」、「晚安」。簡報現場不是要開演唱會，我們也不是國際巨星，在幾萬人的小巨蛋裡登台，所以不要那麼大聲喊，只要用一般音量跟聽眾打招呼就好。不然，你熱情洋溢、精神百倍，而聽眾的回答有氣無力、愛理不理，那種大反差，是謀殺現場氣氛的恐怖兵器。

最後，請不要一上場就道歉。真的。不管情況有多糟糕，叨叨唸唸地道歉這種事，真的沒有太大的必要。

例如我曾經遇過一位學員，一上場就用沙啞的聲音說：「不好意思，我今天沒有聲音，非常抱歉。」不要抱歉，如果你能用這種聲音很賣力的把你要講的講完，我相信聽眾反而會給你很高的評價。

接著又說：「因為我昨天跟同事去唱ＫＴＶ到晚上三點，所以聲音很沙啞，請大家多多包涵……」這非但不會引發聽眾的同情心，反而會讓人覺得你對這個發表的場合不夠重視。因為如果這場簡報很重要，你又怎麼會不努力讓自己保持在最好的狀態呢？

所以，我們要讓聽眾感受到「我對這場簡報的用心」，而不是以道歉開場，好像要彌補我可能會表現不好。

我在企業內訓課程教簡報技巧時，通常會安排兩次課程。第一次課程，大家聽憲哥上課，第二次課程就是由學員親自上陣 role play，憲哥再從旁指導。通常經過這兩次「震撼教育」之後，學員們都可以帶著滿滿的收穫回家。

有一回，我到一家膠帶公司上課。有一位學員在要上台演練的前幾天下班時發生車禍，腿部骨折。主辦單位得知這個消息以後，就跟他說，他可以不用上台演練沒關係，也會先讓主講人知道狀況，請他不要太勉強。

可是他意志很堅決的說：「不行，我一定要參加！因為我有準備。」到了演練當天，他果然拄著枴杖來到現場。輪到他上台演練時，所有的人都看著他拄著拐杖一步一步慢慢地走上台，花了比別人更多的時間，整個講廳一片安靜。

我以為他一開口就會先說：「哎呀！憲哥不好意思，因為我前幾天發生車禍，所以耽誤了大家一點時間，很抱歉……」

可是，諸如此類道歉的言語，他一句都沒有講。反而泰然自若地開始他的簡報內容，彷彿腳上沒有打石膏，腋下沒有拄枴杖，前幾天沒有發生車禍一般。

他果然是做了相當充分的準備，簡報過程中，說得非常流暢。當他說完最後一句話「謝謝大家」時，台下響起了如雷的掌聲。

看到他如此全力以赴地把簡報說完，我理所當然的把當天的MVP頒給他。所有人都覺得實至名歸。

這位學員是一位相當經典的範例。雖然他的狀況不好，但是他不但沒有道歉心虛，反而更加倍努力地展現自己準備的內容，認真的把要說的說完。他的腿上包著石膏，任誰都看得出他的腳受傷，而他仍然站在台上，表現了他的意志與堅持，證明了他對這件事的重視和決心。那麼又何必把「抱歉」、「對不起」掛在嘴上，彷彿試圖遮掩心虛呢？

憲哥的開場白成功小祕訣

不管是上課或是演講，我自我設定的最大目標就是：把所有的聽眾留在現場，聽我把話說完，而且聽得津津有味，回家回味無窮。

大家謹記，不要一站上台就立刻開講；先停下三、五秒鐘，掃視現場所有聽眾，這動作一方面可以鎮定情緒，讓這三秒鐘成為一種空白、等待的感覺，然後再慢慢地引導出主題，最後精采開場。

很多時候，演講開始前，聽眾的心還有一點浮動，他還在考慮要不要好好聽你說，擔心會不會很無聊、浪費時間。這個時候，暫停，可以讓他們抬起頭來看你，看你等會要變什麼有趣的把戲。

利用開場白的時間，跟聽眾以口語的方式交談，這可以讓聽眾稍微放開防衛。假使這段時間你能成功地與聽眾建立連結，你就是順利邁出第一步了。

如果你真的很緊張，緊張到快要忘記想說的內容。這時候，我建議你兩個做法：一、向聽眾發問，二、走向聽眾席。利用聽眾回答的時間，趕快把你流失的記憶尋找回來；再來，透過走動的過程，也可以讓肌肉稍微放鬆一點，減緩自己的緊張。

很多人都知道，我在華信銀行負責MMA投資理財專案時，曾經講過一百四十七場投資理財講座。

當時我們設定的作業模式是，只要和企業談定、約妥時間，時間一到就由我上台主講，同仁在台下協助，發完便當等著收問卷。

我的工作目標有三個，第一，教這些可能的客戶如何報稅；第二，推銷MMA投資專案；第三，取得可能客戶的資料，了解他們的理財狀況。

除了第三項可以靠問卷以外，其他的兩項就要靠我的三寸不爛之舌來達成。同仁的便當錢已經花了，絕對不能讓客戶白吃一個便當，至少，我要把訊息確實傳遞出去，才能等待各種可能的發生。

一開場，台下的人都在吃便當，而我在白板上寫了幾個字：唵嘛呢叭咪吽。

現場安靜了幾秒，有人連筷子都停下來了。

接著，我問：「請問大家，這幾個字怎麼唸？」

走下台，繞了會議室一圈，一個問過一個，有人會唸，有人不會，有人還是專心吃便當。

之後，我在剛剛那一行字底下，又寫了一行字：All Money Back Me Home!!

「All Money Back Me Home!! 各位朋友，今天我們到貴公司來的目的，就是要教大家賺錢，告訴大家怎麼把錢流回你自己的口袋。你們每年都要報稅吧……」此話一出，很多人的筷子就放下來，抬頭開始聽我講。

講完報稅，我再講理財產品，很多人都已經專心聽我說上好一陣子了。

開場白不是隨便講講就好，**開場白最好經過設計，因為那是你用口語魅力打動人心的第一招**。記住，你有兩次機會一定要把握，第一次是開場後三十秒，第二次是開場後兩分鐘。不能在這兩次機會裡成功抓住聽眾的興趣和注意力，之後想要再挽回，就會很費力。

14 收尾一句話，勝過一堆話

結尾語可以是最完美的句點。

簡報到最後百分之十，開始要進入結論。總結自己之前陳述的內容，說個簡短的小故事，清楚闡述整場談話的核心精神，再用一句鏗鏘有力的金句做結尾，這個收尾就非常有力了。

金句收尾絕對有力

記得你在開場時曾經像剪刀一樣犀利破題，點出你簡報的目的嗎？在結尾的部分，則是你再次強調主題的機會，而且，不只是要能傳達訊息，還要能喚起行動。

你可以要求聽眾採取特定行動，例如：「記得喔！要把訂單下給我喔！」或是「在X月X日之前要把訂單開給我喔！」也可以建議幾種方案讓聽眾選擇，更可以表達對聽眾即將採取行動的信心喊話。

這個國小老師最厲害，「小朋友，你們的寒假作業一定會寫得很棒，對不對！老師對你們有信心，所以你們一定要加油喔！」諸如此類的話語，你要放入結尾之中，再利用能讓人印象深刻的金句，像棒槌一樣把所要求行動目標，敲入聽眾的腦中。

妙用無窮的金句

通常金句的出現，是最有可能讓聽眾想要拿筆記下來的話。也是他聽完演說後印象最深刻的一句話。

雋永的金句絕不是為了捍衛自己的想法，而是為了喚起行動。

所以，建議初學者可以多背一些與產品、服務有關的金句。背得越多、越熟練，在破題與結尾時會做得越好。

以下提供一些憲哥自己經常使用的最愛金句，大家不妨可以參考運用：

1. 一千個想法，不如一個行動。
2. 全力以赴，堅持到底。
3. 夢想不去實現，就永遠只是夢想。
4. 專業讓你稱職，熱情讓你傑出。
5. 下雨天是勇者的天下。
6. 挑擔要撿重擔挑，行路要找難路行。
7. 夢想就跟球賽一樣，不是在結束的時候結束，是在放棄的時候結束。
8. 實踐，是檢驗真理的不二法則。
9. 實現夢想的人都不是最有才華的人，而是堅持到底的人。
10. 一場球賽，如果你覺得會輸，那就會輸；如果你覺得一定會贏，那麼，你肯定會輸。
11. 寧鳴而死，不默而生。
12. 硬到不絕裂，軟到不屈服。
13. 有人說，台灣有上百家出版社，但我認為只有兩家，一家是春光、一家是春光以外的出版社（這句話可以套公式，很有用）。
14. 成功沒有捷徑，你需要彎道加速。

15. 如果你想打中球，就必須不斷的揮動球棒。
16. 成功需要簡單的事，重複去做。
17. 大家都想改變世界，卻沒人想改變自己。
18. 計較是貧窮的開始。
19. 小池塘裡當大魚。
20. 人多的地方不要去。
21. 你成功了，屁話都是對的；你沒成功，對的都是屁。
22. 當你感到痛苦的時候，痛苦已經快過了。
23. 人生就像茶葉蛋，裂縫越多，茶葉蛋越香越好吃。
24. 態度就像遙控器，你要它去哪裡，它就去哪裡。
25. 夢想不被嘲笑，就沒有實現的必要。
26. 七分聊天，三分攻堅。
27. 秦檜（勤快）就能殺死岳飛。（原文是：什麼可以殺死岳飛？答案：勤快。）
28. 過去不等於未來。
29. 同行不是冤家，異業可以為師。

30. 沒有人是天生的，大家都是媽生的。
31. 一個人成功，不如兩個人成功；兩個人成功，不如一個團隊成功；明星球員，光芒短暫；明星團隊，史上留名。
32. 年薪十萬美元與一億美元的打者，有一件事情相同，那就是打中球之後，必須使盡全力跑上一壘，來證明你的價值。
33. 目標無法達成，只有兩種原因：一是努力不夠，二是方法不對。
34. 沒有目的，就會達成目的。
35. 台灣不缺抱怨的人，只缺捲起袖子做事的人。
36. 理想要與現實兼顧，才是完美的人生。
37. 死在哪裡都可以，就是不要死在別人嘴巴裡。
38. 麥克風加上信念，就能改變世界。
39. 沒有經歷黑暗，就沒有黎明的美麗。
40. 從未遭遇失敗的人，對自己與對別人，都是一知半解的。
41. 投手的球再快，最後還是要經過本壘板才算好球。
42. 年輕時，覺得幸福很簡單；年長時，覺得簡單就是幸福。
43. 成就感，是驅使人前進的魔杖。

44. 選擇，比努力還重要。
45. 專業合作有信心，標竿積極再創新，服務客戶言有信，品質績效齊並進。
46. 專業，建立在通俗的溝通上。
47. 你紅了，朋友就認識你了；你潦倒了，你就認識了朋友。
48. 方向不對，再努力也沒用；方向對了，就不嫌路遠。
49. 想要成功，需要朋友；想要巨大的成功，需要敵人。
50. 吾心信其可行，則千方百計；無心信其不可行，則千難萬難。

Part 3

善用工具讓說話更有魅力

前言

跟大家分享一下我人生的第一場收費演講經驗。

民國八十七年七月，當時我獲選十大傑出仲介經紀人，主辦單位台北市仲介同業公會，在福華飯店舉辦一場經驗分享的演講。

那天輪到我講，差不多講了十五分鐘左右，現場的空氣就變了，溫度也提高了；因為，冷氣壞了。接著沒幾秒，突然停電，室內所有的電燈全部熄滅，大概沒有電器還在運轉。

事情發生得很突然，我還裝作沒事一樣繼續講。很快的，飯店人員就來通知我們因為不明的原因跳電了，現在已經在緊急維修，可是不確定什麼時候才能修好。飯店人員詢問主辦單位，演講要不要繼續下去？還是要改時間再舉辦一次？

主辦單位表示看我的意思，我則詢問現場所有人的意見，結果調查的結果是一半一半。後來，僵持了一下，我和主辦單位協調，不然還是繼續講完，而我則調整演説內容，不要拖太久。因為現場沒了空調，真的不太舒適。

總算徵得了大家的同意，中斷的演講再繼續下去。可是，那一天實在是太熱了，沒講幾分鐘我已經開始滿頭大汗。當時三十歲的我，第一次上台對著台下那麼多位同行演講，最後我做了一個現在恐怕不會做的決定。我跟所有人說：

「各位朋友，天氣真的太悶熱了，不如我們大家都把領帶拿下來，袖子捲起來，解開第一顆扣子透透氣，至少會舒服一點。」

我一說完，就率先拉開領帶，解開第一顆扣子。聽眾們愣了一下，也很多人跟著我依樣畫葫蘆。

我是個很容易流汗的人，邊講，我就邊流汗。不只襯衫濕透了，而且是大顆大顆的汗珠，從額頭、頸上滴下來。

我在信義房屋工作六年，學到一件事：你不用跟客人講你很辛苦，而是要讓客人自己感覺你很辛苦。那一天演講的過程中，我的汗替我證明了我的辛苦。

我隨身攜帶的手帕已經完全濕透，大概前幾排的人都能清楚看見我臉上的汗珠。那一場演講在我人生中留下了非常深刻的經驗，也讓我體會到一件事：不管現場遇到多少狀況，只要處變不驚，台下的聽眾沒有一個會跑。只要你自己亂了陣腳，就會有人手機開始響、有人想上廁所……

十個人上台，有九個人都會緊張。但你知道緊張和害怕也可以轉變為力量嗎？在本章裡，憲哥會介紹各種簡報小工具的運用，除了口語表達之外，也得善用肢體語言強化演說效果。並且告訴你怎麼樣放鬆心情、愉快享受每一次的簡報過程，讓你也能說出精采出色的簡報。

15 記住神奇的魔術數字

投影片不是簡報者的手稿，也不是演說者的小抄；投影片的目的是為聽眾提示重點。所以，好的投影片，內容越精簡越好，不僅文字要少，圖表與表格也盡量簡單。少用美工圖案，背景盡量單純，聽眾才會將注意力回到你的內容上。

幾個一定要記的數字

每個行業都會有其領域的專業術語，在簡報的運用上，我也來提供幾個魔術數字。

各位注意囉，本期樂透開出來的號碼是1號、3號、6號、20號。什麼意思呢？

「1」這個數字重點在於，你在簡報的過程中，不管有多少事想說，最好每一次只專注在一個明確的主題上。

如果你現在要講A，就不要講到B又講到C，一次專注一個主題，聽眾才會跟著你的步調，慢慢的被引導。

簡報運用的四個關鍵數字

- 1 ➡ 一次專注在一個明確的主題
- 3 ➡ 主題不要超過三個
- 6 ➡ 一頁投影片盡量不要超過六行字
- 20 ➡ 每行不要超過二十個字

「3」是要提醒我們，每次簡報的主題或是重點，絕對不要超過三個。

一般來說，簡報最常見的時間長度約為二十分鐘，最長應該也不會超過四十分鐘；如果在這樣的時間裡，你打算講上七、八、九個重點，那真的太多了，絕對講不完！

如果每一個重點都只能蜻蜓點水似的帶過，那到最後肯定每一個都不是重點。因此，好好的把內容重新構思組織吧！看看能不能再找出更精煉的方法，把重點歸納得更具體，更易記易懂。

「6」這個數字要強調在製作投影片的時

候，每一頁投影片裡的文字，最多不要超過六行。

行數越多，字數越多。字數越多，影片上的文字看起來就越小越擠。除非你本來就不打算讓聽眾看這張投影片，不然，請調整每一張投影片的內容。至少讓坐在最後一排的人，都能清楚看得到投影片上的字。

「20」則是每行不要超過二十個字。如果投影片上的字全都擠在一起，相信一定很難閱讀，就算眼睛快速掠過，也是有看等於沒看。

現在的簡報工具會很貼心的為使用者提供許多很炫的功能，像是各式各樣繽紛的背景和動畫。關於這一點，我建議大家把握「在精不在多」的原則，才能讓投影片在簡報過程中發揮真正的效用。

說話的速度要適中

每個人說話的速度都不太一樣，說話的速度也可以變成一個人的特質，甚至琢磨成容易使人印象深刻的特色。

在口語表達的運用技巧中，也有幾個魔術數字原則可供參考。

「30」簡單說，就是在最開始的三十秒內，不管用什麼方法，就要立刻掌握聽眾。走向觀眾、用金句、用一個誇大的言論、用一個相反的意見，用一個驚人的敘述。總之，前三十秒你就一定要掌握聽眾。

「40」是連續說話的時間，絕對不要超過四十分鐘。通常，簡報時間超過四十分鐘，你不覺得無聊，聽眾或許會覺得無聊想睡了。

如果你發現自己已經講了快四十分鐘都沒停過，建議你趕快踩煞車，讓自己和聽眾休息喘口氣。不管是給聽眾發問的機會，或是與聽眾做簡單互動，都是轉移和變化的好方法。

「200」是在提醒我們說話的速度至少每分鐘要有兩百個字。如果你說話的速度低於每分鐘兩百個字，那你就說得太〝慢〞了，除非你是老人家，或是口語表達有障礙。

口語表達的五個原則

30	剛開始的三十秒內要立即掌握聽眾
40	連續時間不要超過四十分鐘
200	說話速度每分鐘至少要說兩百個字
600	聽清楚的極限是一分鐘說六百個字
pause	善用暫停，給聽眾思考的時間

大一時，我有一門必修課——初級會計學，授課老師的年紀很大，說話還有鄉音。當時我真是每一堂課都聽得霧煞煞。

那堂課是三班合上的，原本人數很多，有一百八十人，可是隨著開學後人越來越少，到最後教室裡空蕩蕩的。

我是乖學生，從來不翹課。但老實說，我從上第一堂課開始就傻眼了。

老師說：「姐～三～小～交～易，殺～旺～塊，呆～壘～幾～者酒，殺～旺塊。」這是在講什麼？

我左顧右盼想問問身旁的同學，老師到底在說什麼？才發現大家都沒在聽。後來，找到一位很認真的同學，借他的筆記來看，我才恍然大悟。原來是「借賒銷交易，三萬塊，貸累積折舊，三萬塊。」真的是有聽沒有懂。

「600」這個數字則剛好相反。一般人的聽力極限差不多在一千上下，而六百會是能聽得清楚的範圍。換句話說，如果你一分鐘講超過六百個字，別人可能聽不清楚你在說什麼。

善用暫停，提供思考空間

最後，我要好好談談「Pause（暫停）」這個字，我建議大家在演說的過程中，如果遇到了有不同的訴求時，不妨按一下暫停鍵。給聽眾足夠的時間思考，咀嚼你所傳遞的訊息，讓他考慮想做的決定。

這時間剛好也能讓你想想接下來的內容。有時忘詞了，停下來三、五秒，深呼吸，或許就能想起來。

請大家看一下左方這張圖，感受一下這兩種線條。請假想這是說話時的速度與音調高低：A線，線條平緩，沒有什麼高低起伏；B線，有時聲音高亢，有時低沉。你覺得在簡報過程當中，講者採用哪一種說話方式你會比較有興趣呢？

我們來看看B線，凸起來的地方叫「Trigger word」：翻成中文就是「凸起來的字」，字如何凸起來呢？就好像一句話說到某個特定的字，會特別被凸顯出來。這也是相聲裡「抖包袱」的概念。像是話說到某處，會突然有一個笑點，一碰觸到就會爆開。

我示範一個例子給大家參考：

不同的兩種說話語調

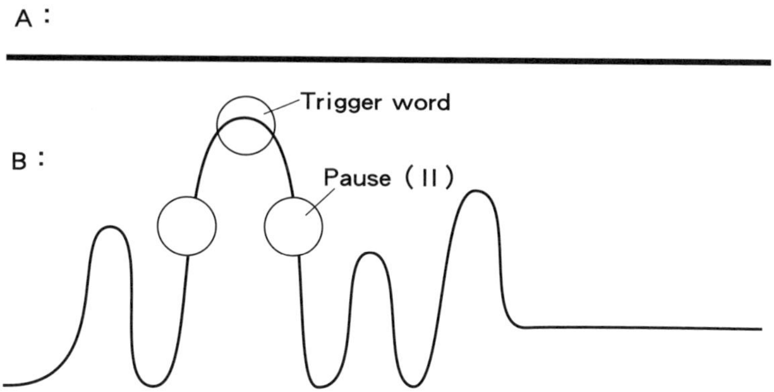

「各位學員，你們要學習簡報，只有一個原則，那個原則叫做『成功需要簡單的事重複去做。』一般人常是（停頓一下）『簡單的事恁爸不願做』，但是（停頓一下）『困難的代誌，恁祖嬤又不會做。』」

在這段話裡，我本來都以國語表達，當我要強調「成功需要簡單的事重複去做」時，突然改成以台語表達出「簡單的事恁爸不願做」和「困難的代誌，恁祖嬤又不會做。」這有別於前面的語言，就是一個「凸起來的字」，讓聽眾聽到這句話時，感到會心一笑。

這呼應到我們前面說過的「hook」概念。在hook之前和之後，這個小小的暫停，其實狀似無聲卻有聲，是會在聽眾心中產生效應的。

所以，如果你講話時的速度用「快」、「慢」、「輕重緩急」、「抑揚頓挫」、「暫停」等方式交叉運用，聲音自然會產生一種美感，演說也必然會更加動人。

16 善用工具，畫龍點睛

在一大篇敘述性文字之中，數據和圖表的出現，通常可以獲得「Trigger word」的效果。但是，我提醒大家，要妥善運用才能達到畫龍點睛，如果濫用，那就會得到完全相反的效果。試想，如果一條路沒走兩步就凸起來，走起來顛顛簸簸，你還會覺得有趣嗎？

數據不需要太多

一般來說，大量的數據和圖表一股腦地丟出來，會讓聽眾消化不了，覺得厭煩。所以，數據一定要先經過消化和轉化，去蕪存菁之後再使用。如果沒有整理，或是不夠簡明易懂，運用得不好，不如不用。

數字本身沒有意義，數據背後所代表的才有意義。你想要傳遞的，也是數據背後的意義，而不是數字本身。像民國幾年、西元幾年、台灣人口數等等，這些都是數據的引用。比方說，目前台灣的人口數是兩千三百萬人，而民國幾年的時候已經達到兩千萬人、民國幾年時又達到兩千一百萬人……你拉拉雜雜地說了一長串數字，你覺得聽眾記得住嗎？

其實，真正有意義的，是數據背後所代表的「人口成長」。所以，直接告訴大家過去二十年台灣人口增加了三百萬，這樣說聽眾就理解了。

再舉一個有趣的例子。

假設你說：「我們公司的陳經理會說六種語言。」這句話裡的數字「六」雖是重點，但沒有意義。喔，六種啊，好像很強，哪六種？有多強？不知道。

如果你說：「我們公司的陳經理，六國語言精通。他會跟美國客戶說日語，會跟日本客戶說西班牙語，會跟義大利客戶說韓語……」是不是讓人印象深刻許多了呢？

所以，在使用數據時，能夠把握以下這幾個重點，相信數據就會成為讓你加分的好工具：

- 數據是要經過思考及消化的。

- 數據需要經過轉化才有意義。
- 數據是冰冷的，必須加以詮釋。
- 數據在確認前都還必須經過調整。
- 數據通常必須經過加工修正（例如畫成圖形）。
- 數據會分散聽眾對簡報內容的體驗。
- 有用的是數據所代表的意義，不是數據本身。
- 數據用看的比用聽的效果好。
- 把內容簡化成枯燥的數據，只會沖淡金句的力量與效果。

假設，你在投影片開場的第一張，放上這個數字：

0.92＝？

接著說：「這代表什麼？」請在場的聽眾回答。

之後再說：「我相信大家都猜錯了。0.92是二〇一〇年台灣每對夫妻生的小孩人數。換句話說，一對夫妻兩個人，只能生出0.92個小孩。這代表夫妻老了以後，一個不到的小孩，要照顧兩個年邁的雙親。這代表台灣即將邁入老化的社會。這代表少子化、代表國力越來越衰弱……」假使你今天要說的題目是「少子化的衝擊」，這樣設計的開場白會很有強度。

簡單來說，**在應用數據之前，一定要先搞清楚目的。數據本身要經過思考跟消化才有意義**。不是不能用，少用、正確的用、貼切的用，才能達到數據應有的效果，讓人記憶深刻。

捨棄他人常用的慣用語

仔細觀察你身邊的人說話，應該會發現每個人說話的慣性。有些「口頭禪」、「語助詞」並不是不好，可是如果出現的比例過高、頻率太高，就會嚴重影響聽眾的感受。「那麼……那麼……」、「然後……然後……」聽多了，會很不耐煩。你最後就會發現，聽眾的專注力已經潰散，演說也容易模糊焦點。

檢查看看，我們是不是在不知不覺就犯了和別人一樣的毛病？有些慣用語不是不能用，而是太多人使用。這樣的話再說下去，就沒有吸引力了。

以下是一些常聽到的慣用語：

- 就我所知……
- 或許……基本上……
- 多半來說……
- 有點……差不多……
- 本質上……根本上……
- 老實說……說實話……
- 我再重覆一遍……

這些話不是不好，有時候拿來當做轉接語詞也有很好的功效，但是過度頻繁使用，反而會有反效果。像最常聽到的「基本上……本質上……」等等，盡量能避免就避免，不然通篇演說都是「基本上……本質上……」聽眾也搞不清哪些是重點了。

時時檢查自己在口語上的習慣。一發現自己好像快要講出口的時候，放慢速度，一個字一個字的慢慢講，口頭禪就不會那麼容易冒出口了。

17 好的視聽效果更加分

女孩子的穿著打扮，有時候增加一點配件就很有魅力。簡報和演說也一樣；有時候加上一小段襯底音樂，或是播放一小段影片，就能夠讓整場演說更有吸引力。

肢體魔術師

通常，我在上活力營的課時，一定會要求學員準備兩支加入綠豆的寶特瓶，當做加油棒。配上我現場彈的電子琴，馬上就從零零落落的加油聲，變成整齊劃一的口號。

只是，簡報的場合畢竟不是演唱會現場，適當的視聽聲光效果可以為聽眾帶來驚喜，但如果做得太超過，重點就失焦了。

在口語表達的過程中，肢體語言也是很重要的一環。我覺得要以口語表達致勝，你需要三把手槍：**金句＋眼神＋肢體語言**。

以前我在當店長的時候，都會勸勉業務同仁：「業務人員身上通常會帶三把槍，如果一次將三把都掏出來，對方就可能被你一槍擊斃。如果三把槍環環相扣、運用自如，效果就會很驚人。」

這三把手槍就是「金句、眼神和肢體語言」。金句本身就是一句容易打動人心的話。但是如果你在說的時候，有氣無力或是滿臉心虛，甚至忍不住笑出來，力量就會大打折扣。

相反的，在你說出金句的同時，投予聽眾犀利、認真的眼神，再加上肢體語言的手勢去強調，我相信帶給聽眾的感覺是不一樣的。

比方說，我在講「下雨天才是勇者的天下。」這句話時，我要告訴你：不要害怕困難、不要害怕挫折，走出去就對了。當我講這句話時，我的右手是拿起來的，眼神是注視聽眾的。

記住，正確的拿麥克風姿勢是，指腹輕握麥克風下緣，手臂微微貼緊上半身，麥克風與身體盡量成平行線，麥克風的頭不要遮住嘴巴，否則台下聽眾會看不到你的表情。時常學員上台報告時，很常拿出唱ＫＴＶ的架式來（如左圖），這樣不但久了手會痠，講話晃來晃去的，台下的人也容易看不清楚你的臉，就會分心不想聽了。

我剛開始在信義房屋工作時，每天最主要的工作任務就是打電話，幾乎每天都打電話給陌生人。兩個人隔著電話線路，雖然聽得見聲音，卻看不到對方。到底對方現在是什麼模樣、什麼情緒，我們可能不知道。

當時，我的業績沒什麼著落，每天也不知道客戶在哪裡？電話是打了不少，但機會一個也沒有。

「王媽媽，妳最近好不好？妳的房子要不要給我賣？」

「張伯伯，你那個房價考慮得怎麼樣了，要不要再降一點？」

大家總是講個三、五句就掛斷電話，我實在是越來越沒勁。

有一天，店長跟我聊起工作狀況，他說：「文憲，講電話不能沒有感情，一定要一面講、一面微笑，要發自內心去模擬顧客會給你很好回饋的感覺。」

「店長，笑不出來怎麼辦？」

「你拿鏡子來練習嘛！對著鏡子講

電話，你就看得見自己的表情，想像對方跟你有一樣的表情，你就笑得出來了。」

我後來嘗試，果真有效。

剛開始的時候，我發現自己的表情很僵硬，但隨著一次又一次的練習，很快的，我就能帶著輕鬆的神情跟客戶連絡，客戶自然也能感受到我的誠意了。

加分&NG

加分的肢體表現

○單手掌向上張開：聲音不用變大，就會有指示的效果。

○雙手掌向上張開：讓動作加大、聲音也加大，就有強調和加倍的感受。

○思考的表情：可以做為爭取時間時的緩衝動作。

○肯定的表情：看著對方，肯定他，也可以舉起大姆指強調。

○走向聽眾。

○微笑。

把以上這幾個動作，融入你的演說之中，將能夠為你所說的內容添加效果，讓整體的演出更為吸引人。

NG的肢體動作

可以的話，請戒掉這些動作：

×手放口袋→拿開。

×手中緊抓東西→放下。

×手放在後面→看時機自然運用。

×抖腳→脫鞋練習。
×目不視人→練習看向每位聽眾或每一個區塊（不要一直看地上）。
×手腳僵硬→走向觀眾席。

手放口袋：講話的時候手放口袋，會給人一種「你是老大」的感覺，也會讓人覺得「你不重視聽眾」。所以，我建議，兩隻手都不要放在口袋裡。

手拿出來，可以更自然地去運用肢體語言所帶來的效果。

手中緊抓東西：我常常發現當學生把麥克風交還給我的時候濕濕的，可以想像剛剛他抓麥克風時有多緊。如果你習慣手上要緊抓一個東西，你的身體放不開，別人也會感覺你很僵硬，所以除了麥克風以外的東西，全都放下來。練習不拿東西說話。剛開始也許不習慣，但多練習就會成功。

手放在後面：手放在後面比較像專家，但也會給聽眾壓力和不受尊重的印象。我建議大家把手自然地放在身側，隨著說話時的語氣變化，再自然運用，會比較好一點。

抖腳：很多人站在台上講話時，腳會不自然地抖來抖去。避免的方法是，先在家裡練習光著腳站在地板上講話，只要意識到自己抖腳，就克制住，久而久之自然就會改掉這個壞習慣了。

目不視人：講話的時候，你的眼睛從頭到尾都沒有看過聽眾。這樣別人不知道你到底在跟誰說話，也容易會越聽越火大，覺得不受尊重。如果你有這種習慣，可以先將聽眾分割成幾區，眼睛很自然的移動，一個區域掃過一個區域。

手腳僵硬：如果你會手腳僵硬、不自然，彷彿皮鞋被強力膠黏住一樣，建議可以慢慢練習走下講台，步向觀眾席。不要小看這個動作，從台上走到台下，光練這個動作，你就可以練上一個禮拜。

以上幾種方式，各位可以自己多加練習，或是請朋友從旁協助、觀察。如果有以上狀況，要逐一去克服，相信你簡報時給人的觀感就會越來越好。

18 恐懼也是你的好幫手

「緊張」、「害怕」這是很多人在簡報或演說的過程中會遭遇到的問題。我想，如果我告訴你「不要緊張」、「不要害怕」，你就算知道，一站上台，還是會忍不住緊張或害怕。

緊張人人會有

大家可能都有一個共同的經驗：平常練習的時候，明明覺得一切都在掌握之中，可是到達現場要簡報的時候，才發現上台的時間越逼近，雙腳抖得更厲害，連手心也在冒汗。

每一次我要求學員進行個別演練之後，通常我會請他先對自己講評。猜猜看，大部分的人第一句話會先說什麼？

「請你談談你覺得自己剛才表現得怎麼樣？」

「嗯……我太緊張了，所以，有一些地方沒說好……」

幾乎每十個人裡，都會有九個人發現自己會緊張，認為「緊張」是造成自己表現不夠好的最大因素。

由此可知，「緊張」幾乎是所有人都會有的。我們沒有辦法完全消滅緊張，但是我們可以讓緊張的程度不致影響到口語表達。

其實，「緊張」也可以說是好事。會緊張表示你對這個場合、這件事情、要演說的對象非常重視，對自己的表現相當在乎。

所以，我們何不試著化阻力為助力呢？即使我講過千場的課程、演講，同樣是會擔心會緊張。

首先，想想為什麼我們會緊張？我們在擔心什麼？

- 害怕聽眾會用嚴苛的標準評量自己的表現，或因為你佔用了聽眾的寶貴時間？
- 擔心聽眾不想聽自己簡報，因為他們過去聽過其他人的無趣簡報？
- 懷疑聽眾會不專心聽講？
- 擔心聽眾會因自己在簡報時犯了錯而討厭自己？

• 害怕聽眾會對自己的構想嗤之以鼻？

以上幾點，不要說各位會擔心，連我這個有十幾年簡報經驗的人都一樣會擔心。即使再熟練，遇到了特殊的場合，也無法避免。

但是，我個人認為「恐懼」這件事情，從正面去想，其實對在公開場合說話是有幫助的。因為恐懼會讓你「不隨便」，會讓你「有準備」，所以反而是件好事。

如何運用緊張？

正因為我覺得恐懼本身會讓人產生力量，所以，我想跟大家分享一些我個人的訣竅，幫助大家建設性地運用緊張，使之成為前進的力量。

首先，你一定要有充分的準備。簡單地說，你要相信內容是有值得聽的價值。你的聽眾是誰？你想告訴聽眾什麼？你是不是已經把所有重點都放進簡報之中？你的開場白和結尾是不是經過精心設計？你的組織架構是不是清楚易懂？你的演說是否經過不斷的練習？

充分準備、不斷練習，才是克服緊張真正治標又治本的良方。

上台以後，把焦點集中在幫助聽眾改變，而非自我表現。多關注聽眾，掌握全場的氣氛與情緒。試著閱讀每一位聽眾的表情，當你的眼神願意與他們接觸，你將會發現：他們不是你的敵人，而是你的朋友。

最後，先把完美主義的心態收起來。我們要追求卓越，但不要苛刻自己，對偶爾的瑕疵不要耿耿於懷。我們畢竟是人，不是機器，偶爾吃螺絲或是突然忘詞，也是在所難免。

其實，坐在台下的聽眾也希望聽到一場好的簡報，也希望你講得很好。所以只要你全力以赴、堅持到底，把你事前所做的準備全部發揮出來，你就能夠獲得熱烈的掌聲。

緊張的時候吹個口哨吧

七大祕訣的第六招是「放鬆心情」。「放輕鬆」三個字，說起來很簡單，做起來，好像不太容易。

我自己有一個小小的檢測「緊張」方式，這是我去學打高爾夫球時學到的。

第一次拿著球桿，站上練習場。

教練說：「來，跟著我做基本動作。雙腳打開與肩同寬，膝蓋微微彎曲，眼睛、鼻子、球成一直線，屁股向後頂，雙手自然下垂並輕握住球桿，以身體為支點呈三角形旋轉……」

教練每次講到呈三角形旋轉的時候，下一句一定會說：「不行，重來！」

有次我終於問：「為什麼？」

他說他看我做三角形旋轉時，身體動作太僵硬了。他問：「你是不是很緊張？」

我說：「不會啊！我還好啊！」

他叫我把桿子放下來。

他問我：「你會不會吹口哨？」

我說：「我會！」

他說：「你吹一段口哨看看！」

我吹了。

他說：「你吹口哨吹得很好。那再來一次，雙腳打開與肩同寬，膝蓋微微彎曲，屁股向後頂，眼睛、鼻子、球成一直線，雙手下垂輕握住球桿，以身體為支點呈三角形旋轉，球桿舉高……」

就在我把球桿舉高過肩時，他說「停！」我的身體和球桿都停止動作。他說：「現在你再吹聲口哨試試！」

我竟然完全吹不出來。

他要我把桿子放下，說：「你本來會吹，現在不會吹，就是處在一種緊張高壓力的狀態。那表示你沒有放鬆，你沒有讓你的肌肉跟你的臉部處在一個非常享受的狀態，所以這個時候你吹不出來。為什麼你沒有拿球桿就吹得出來，拿了就吹不出來？你可以好好想看看。」

我建議大家在進行簡報之前，也可以先試著吹口哨看看，如果你本來會吹，結果簡報之前吹不出來，那表示你完全沒有放鬆。（當然，你本來不會吹口哨，在簡報之前，也不可能突然會吹的。）如果你發現口哨吹不出來，你要試著再練習放鬆。

深呼吸，告訴別人，請別人為你打氣，看看你的手掌會不會冒汗。再吹一次看看。

開講之後，你如果還是非常緊張，可以想一下：「我左腳的小腳趾在幹嘛？」偷偷動一下腳趾，把注意力從所有聽眾的反應上收回來一下。注意力分散了，你會發現緊張感也會逐漸消散了。

Part 4

實際演練，
邊說邊學

前言

在我的職場歷程中，好的口語表達一直為我帶來正向的影響。在我從菜鳥講師晉升成職業講師時，有一場最關鍵的面談。

我是從二〇〇六年七月一日開始正式踏入講師行業，當時盟亞顧問公司是我主要接案的企管顧問公司之一。

剛開始，還是菜鳥，我自己戲稱是「打游擊」階段。也就是不管企管顧問公司幫我安排了什麼樣的課程，我都一口答應。不僅台灣南、北跑，就算是飛到廣州、上海，我也絕不推辭。但是即使有心工作，卻不見得保證有工作上門。這是菜鳥講師在生活上面臨到的最大危機。

有時候，這個月忙到爆表，下個月卻閒得發慌，那種不平衡的工作型態，很多人撐不過去。我從一家福利超好的公司離開，踏入講師這個領域裡，我知道，我需要調適自己的心情。

不過，我也發現了一個狀況。講師跟職業棒球選手一樣，如果比賽場次持續，場場都能上場，雖然不見得場場完投，但是只要能持續上場，手感會越練越好。講師也一樣，上課的機會多，就會越講越流利。如果空檔了太久，有時候講起話來就很容易中斷、忘詞。

二〇〇六年十二月，當時同時有三家顧問公司找我聊新年度的計畫。三家顧問公司都說：「謝老師，請問你明年有什麼計畫呢？可以來向我們說明一下嗎？」

結果，A顧問公司明明跟我約好了時間，卻一直不斷改期；一下子主管請假，一下子老闆出差，最後，我乾脆作罷。

B顧問公司的效率好一點，我花了大約一個小時，將我過去半年來的工作狀況，做了詳細清楚的簡報。

講完了，台下的老闆聽得笑咪咪的。他對我說：「謝老師，聽完你的簡報以後，我覺得你很有潛力，我想要把你簽下來。」

「簽？這是什麼意思？」

老闆非常霸氣豪邁地說：「你明年估計會上多少課，我全包了！」

我說：「謝謝，不過我不想簽約。」

「你考慮考慮！」

會議結束，彼此謝謝再連絡。

第三家公司就是我後來答應的顧問公司。同樣的簡報內容，我再說一次，果然越說越好。

台下的總經理和副總聽得很滿意，交頭接耳地交換過意見後，總經理說：「謝老師，你講得很好，我覺得你很有潛力。你明年打算上多少課？我們全包了。」

我又說一次：「我不簽約的。」

可是，總經理不放棄，我們從會議室聊到她的辦公室，接著她拿出剛剛跟財務交代先開出來的十二張支票，交給我說：「你在這裡好好考慮一下，我覺得你有潛力，你一定會成功。我在這個領域一、二十年，從來沒有看過一位講師把自己的工作資料庫整理得這麼好，同時，還能夠簡報得這麼清楚明白的。這裡是明年每個月的講師費支票，你想清楚。」

打從進入講師業以來，還未曾碰到這麼有誠意的老闆，於是我的態度軟化了，我說：「那我考慮考慮。」

「你要考慮多久？」

「給我兩天，我要回去跟我老婆討論討論……」

「不用兩天，你現在就決定，我給你考慮二十分鐘。」接著她就走出辦公室，把我自己一個人關在裡面。

二十分鐘很快，我一個人望著支票愣愣地想，也沒想到要打電話跟老婆討論。總經理的誠意與魄力太震撼我了，讓我不得不佩服。

時間到了，我走出總經理辦公室，答應了簽約的條件。總經理立刻和在場的所有同事說：「各位同仁，謝文憲老師決定加入我們的行列，他是我們旗下第一位簽約講師！」所有人都熱烈鼓掌。

二〇〇七年，我順利完成且超過預計的課程時數；二〇〇八年，時數超越一百多個小時，而且連年不斷攀高。

我深切地感受到商務簡報的影響力和重要性。只要你準備得好、表現得佳，別人就會受你影響，讓你達成目的。

我聽過一句話：「年薪十萬美元的打者和一億美元的打者，他們有一件事是相同的。那就是打中球之後，都必須使盡全力跑上一壘，來證明你的價值。」不論你的職務、地位、身分和專業何在，都可以藉由口語表達來強化個人表現，也可以透過簡報來發揮個人的影響力。

在前面三章裡，我們談了很多說故事的方法、做簡報的技巧。接下來，我想更進一步介紹不同類型的簡報實例，幫助你隨時靈活運用，影響力激增。

19 簡報不能過於冗長

每個人都期望自己能在職場經歷中不斷往上爬，成為一名有價值的工作者，同時也希望能在職場中發揮影響力，成為不可或缺的一份子。簡報說得好，能幫你往目標邁進一些。

簡報是最佳的口語表達機會

知道不等於做到，做到不等於能被看到。這種時候，我們一定要好好把握機會，將自己的努力展現出來。而最有影響力的，就是簡報。

簡報，顧名思義，就是簡單的報告。不會複雜，也不會長篇大論。以時間來說，最短五分鐘，最長不能超過四十分鐘。超過四十分鐘，就不叫簡報，而叫上課、訓練了。

簡報的目的不是把所有我知道的東西都告訴你，而是要讓你知道我想

表達的重點，影響你去展開行動、產生認同。所以，簡報和訓練不同。

用一個簡單的判斷來區分的話，「訓練」重在學員的吸收程度及技能培養，講師希望學員盡可能了解，手法較為平實。

「簡報」則重在說明及說服聽眾，簡報者確信要百分之百影響聽眾行為。手法上有時會較為誇大，但是要記住：「炫」是不得已的！千萬不要為了炫而炫，反而模糊了焦點。

簡報的目的在「說服」跟「說明」，換句話說，它一定有一個說明的主題和說服的對象，同時希望影響聽眾產生行動。像商務簡報可能就是簡報後希望你購買產品或服務，或是要你接受我的一個觀念等等。

只要簡報結束後達成了預期的目的，就具有影響力。

把握原則，簡報並不難

先來舉一個我在課堂上曾經演示過的案例內容，你也可以應用在公司例會或是激勵內部團結的場合。

假設我在「高績效團隊的領導與運作技巧」這堂課，要針對前來受訓的企業員工強調團隊合作的重要性，我可能會這麼說：

各位親愛的朋友，你聽過這句話嗎？明星球員，光芒短暫；明星團隊，史上留名。

一般大家常常聽到「分工合作」，但我卻要持相反的看法，我認為，「合作分工」才能真正發揮團隊實力。

大家都念過小學吧！

每當清掃工作開始前，老師會開始分配工作。

「第一組負責掃地，第二組負責拖地，第三組負責倒垃圾，第四組擦窗戶，第五組搬桌椅，第六組要清蜘蛛網。好，大家開始打掃。」

結果，桌子沒搬開，不能掃地；沒有掃地，就不能拖地。沒等蜘蛛網清完，每個人頭上都是灰塵，地白掃了，玻璃也白擦了。沒有整個教室打掃好，倒垃圾的工作就無法進行。

這就是分工合作時很容易遇到的狀況。

在職場裡，老闆一定很會分配工作，每個人都會有自己該負責的事務。我們中國人常講分工合作，但是分工其實是不能合作的。像我剛說的小學老師，工作分配得非常細，每個人都有自己的工作，但是，如果每個人只做自己的事，結果往往是互相干擾、無法合作。

所以，我提倡「合作分工」，先合作，再分工，這個做法會有完全不同的效果。

但如果老師說：「小朋友，你們全部先趕快把桌子搬開。之後第一組開始掃地、拖地，第二組趁這時候趕快去倒垃圾，第三組同時去擦玻璃，第四組去清蜘蛛網。我們務必在二十分鐘內，把教室打掃乾淨。」

這種以創造團隊成就為目標，再來依專長分工的做法，就是我所說的「合作分工」，相信會是比較有效益的管理文化。

我希望公司未來可以創造一種「合作分工」的文化，如果一個工作團隊沒有共同的核心目標，團隊的價值就已經崩解了。

一個人成功，不如兩個人成功；兩個人成功，不如一個團隊成功。

明星球員，光芒短暫；明星團隊，史上留名。

希望各位可以好好體會一下我所說的內容，謝謝大家。

要做一場好的簡報並不難，只要把握好原則、目標，把內容、故事套入架構就可以輕鬆完成了。難的部分在於你必須說得熟練，將各種技巧運用得當。

20 敘述性簡報：先見林再見樹

簡報，通常用在職場或學生的報告上，尤其是敘述性簡報（Information Speech）更常見。Information Speech英文的意思就是，我要和大家分享一些知識、訊息，一些你可能不知道的東西。

敘述：告訴你一件事

「我沒有別的目的，我只是要告訴你某件事。」這是敘述性簡報的重點。意思就是我只要說明完就好。

在我過去的工作經驗中，最常用到的像是週報告、月報告、年度報告等等。這種所謂的review meeting，就是老闆想要聽你在過去一週、一個月、一季或是一年裡，你做了什麼。

你只要把狀況描述出來，不見得帶有什麼要求，或是希望有什麼不同的變化。

敘述性簡報有一個非常重要的觀點，是「先見林，再見樹」。

你應該要讓聽眾先知道林地有多大？在種什麼？這個林地的東南西北的方位在哪？敘述完畢之後，再來看林子裡的樹，到底每一棵樹有什麼特色。

林和樹的關係

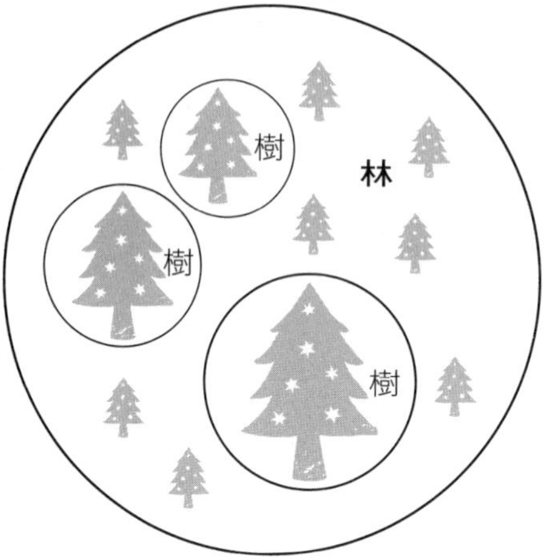

很多簡報者容易犯的毛病就是先看樹，再看林。當你拉拉雜雜的在每個細節裡著墨太多時，聽眾已經不知道你講到哪裡去了，也歸納不出到底你想講什麼重點。

舉例來說，打高爾夫、游泳、棒球，你覺得這三件事有什麼共通點？沒錯，它們都是運動。用「林」和「樹」的觀點來看，運動就是「林」，而高爾夫球、游泳、棒球，就是「樹」。

而在敘述性的簡報裡，要先講林，再

講樹。也就是你要先談「我熱愛運動」，然後再談「我喜歡打高爾夫、游泳、棒球」。

敘述性簡報的架構

敘述性簡報，有一定的架構。分別是開場白、簡介、主體、結論和結尾語。

每個部分各自占有其比例大小。

敘述性簡報的結構圖

開場白	10%
簡介	10%
主體	70%
結論	5%
結尾語	5%

我們在第三章就提過開場白和結尾語，也提過好的簡報需要經過組織構思、刪去枝節。扣掉主體的百分之七十後，剩下的百分之三十雖然比重較低，但是重要性幾乎和主體一樣，不可輕忽小看。掌握好這百分之三十的表現，不只可以彌補有時候主體內容的不足，還可以為整體簡報加分。

記住「破題如剪刀，結尾如棒槌」的技

巧，簡報的精采程度必然提升，影響力也加乘。

一般人最容易犯的錯誤就是，開場白跟簡介不分。開場白不是題目內容，而是讓你利用整場簡報十分之一的時間，去抓住聽眾的注意力，和聽眾產生連結。至於簡介，則是在簡報尚未進入主文之前，請你先幫聽眾把重點抓出來，簡單說明一下。

這裡不妨可以多利用故事、金句等技巧，這些技巧在前面的章節裡都有很清楚的說明。這裡利用一個小例子，提醒大家故事和金句的妙用：

很多人問我：「憲哥，為什麼你每天上課都能這麼有精神，而且不管地點在哪都能提早到？難道你都不會睡過頭嗎？」

我說：「從來不會。」

同學問：「那你每天要用幾個鬧鐘叫你起床？」

我說：「一個都不用。」

同學再問：「為什麼？」

我說：「因為，現在叫醒我的不是鬧鐘，是我的夢想。」

鏗鏘有力的金句和有畫面的故事，總是能吸引聽眾興趣。

進入簡報主體之後，就要開始說明主要的內容、本文。這是你這場簡報的目的，也是核心。所以，主體需要綱舉目張；建議不要分散太多點，頂多講三個重點就算多了。（簡報架構請參考第九十二頁）

將重點列出來以後，盡量多用故事和案例來豐富簡報的內容。說個跟自己的失敗經驗或生活有關的故事，聽眾更容易產生共鳴。

而結論和結尾的分別，有個很好記的原則：結論是幾句話，結尾是一句話。

結尾的觀念是，你最後在下台前結束的那一刻，凸出來的話，才是好的結尾。而且結尾需要經過特別設計。

你可以這樣講：「各位客戶，聽完我的簡報之後，我希望你們記住兩件事。（或我的結論是……）一、○○○○；二、××××。最後，（停兩秒）我想跟大家分享，坐在那裡等，是絕對不會有機會的。（停一秒）謝謝大家。」

又例如：「歐巴馬說：『Yes, we can.』沒有什麼事情是我們做不到的。黑人總統，以前的人想都不敢想，現在已經成了事實。普通人是看到了才相信；成功的人，（停一秒）相信會看到。謝謝大家。」

如果你講這句話的時候，有模擬一下歐巴馬的語氣、手勢、動作，就會更有說服力。

簡單地說，結論是要請你濃縮精華，將主文的重點再簡單摘錄出來，讓聽眾可以簡明扼要地記住要說的重點。最後，再以一句強而有力的金句，讓聽眾心中留有餘韻，不斷回想起你在簡報過程當中說了什麼。

敘述性簡報的要領

- 開場白（林）：經過【設計】的破題，要【吸引人】注意。
- 簡介：本來就要說的話，像題目、部門、姓名等。
- 主體（樹）：最多【三】個重點，可以多引用【數據】或【案例】。
- 結論：幾句話當做結論，記得搭配手勢。
- 結尾語：一句話當做結尾語（棒槌），記得前後留白。

練習：成功的敘述性簡報

題目：比我老婆跟我還久的活動——我的興趣

有人說：「活動，活動；要活，就要動。」

我的人生只要沒有運動，一切都是黑白的。

我的人生只要沒有運動，一切都顯得無趣。

我的人生只要沒有運動，靈魂就會枯竭。

大家好，我是×××。今天要跟大家簡報的題目是「我的興趣。」

我想要分三點跟大家報告：

1. 我愛棒球
2. 我愛游泳
3. 我愛高爾夫球

其中，我跟游泳之間印象最深刻的一件事是：我曾經泳渡日月潭。

看似簡單的三千三百公尺，其實暗潮洶湧。你看到那麼多人一起下水，有些人用漂的，有些人奮力踩水，有些人快手一划，已經超越了許多人一馬當先。

至於我呢？雖然我在游泳池裡經常挑戰一千公尺，但是三千三百公尺對我而言，還是有難度。不過，人生就是要往困難的地方挑戰，高中的時候我就曾經……現在我人在水裡，感受到湖水的冰冷，我覺得游過這三千三百公尺是我人生中最重要的一件事。至少，我絕對不想搭救生艇上岸。（任何人在湖裡只要覺得不想游了，隨時可以舉手，就有救人生員會拉你上船，載你上岸。）

透過上面的內容，我想跟大家分享兩個最重要的重點：

1. 其實我週遭有很多朋友喜歡運動，我發現他們越來越年輕。我得到的結論是，運動的人看起來會越來越年輕。不管你現在是四十歲、五十歲，你只要保持運動，年輕的心永遠在你體內不斷跳動。

2. 我想跟大家分享的是：運動不會讓你累。有人說：「我這麼忙，哪有時間運動？」或者說「去運動的話，我就沒有力氣做別的事了。」其實不會的。運動以後再去上班，或者下班以後再去運動，事實上你一整天的

成功的敘述性簡報案例

題目：比我老婆跟我還久的活動——我的興趣

1

要活，就要動！
（開場白）

2

我的人生只要沒有運動，一切都是黑白的。
我的人生只要沒有運動，一切都顯得無趣。
我的人生只要沒有運動，靈魂就會枯竭。
（簡介）

3

我愛運動
1. 我vs.棒球
2. 我vs.游泳
3. 我vs.高爾夫球
（正文）

4

印象最深刻的一件事
1. 我vs.棒球
2. 我vs.游泳
3. 我vs.高爾夫球
（正文）

5

兩個分享
1. 運動會越來越年輕
2. 運動讓你不會累
（結論）

6

坐而言不如起而行，跟我去運動吧
（結尾語金句）

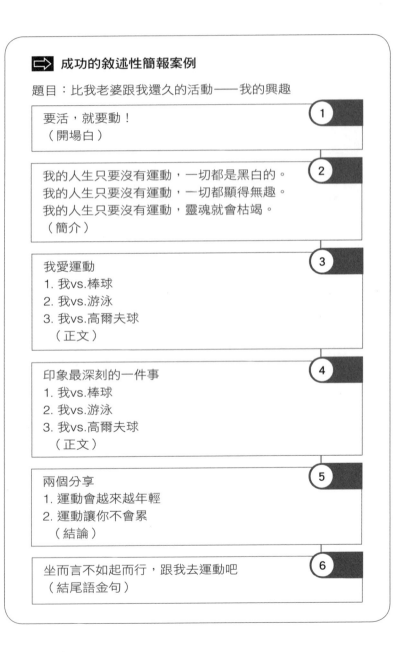

精神、體能都會特別好。

最後，今天的簡報要結束之前，我想跟大家分享一句話「坐而言不如起而行，跟我去運動吧！」

謝謝大家！

憲哥講評

本篇是某位學員的簡報實例，雖然題目簡單，但大家千萬別輕忽這種簡單的題目。有時候，越覺得簡單的題目，往往越不容易說得精采。這篇案例從很簡單的概念出發，以要活就要動，來帶出「活動」與「興趣」的關聯。這就是運用先見林再見樹的技巧，先說運動，再談裡面的細項——興趣。尤其是橫渡日月潭經驗的舉例，很有臨場感。是一篇非常好的敘述型簡報，我給他八十八分！

你也來練習看看……

- 我理想的工作型態。
- 我的興趣，或我的男（女）朋友。
- 本公司×××專案結案報告。
- 我對「公司福利制度」的看法。
- 我在求學（就業）時期的最大成就。
- 本公司××專案Q2執行計畫報告。
- 我對「地球暖化」、「高雄氣爆」或「八仙塵爆」的看法。

21 說服性簡報：強力開場＋正反立場

在我的經驗裡，說服性簡報（Persuasive Speech）一般較常用的場合，多半是業務單位。業務單位的使命是：我要我的客人買我的產品，買我的服務，所以我會將我的產品跟服務介紹得很好。背後其實有一個目的是，我要客戶買（buying）我的想法（idea）。

說服是有目的性的

另外一個在職場中比較常用的是，我要向老闆回顧過去一年的年度績效，而背後的目的是希望說服老闆加薪。

「我過去一年裡很辛苦、很認真、很投入，所以老闆，你要給我加薪或升官，要給我更多的福利。」

這就是說服性簡報的特色。你的目的不只要說出來，還對聽眾有所要求，要求他們聽了你的話以後產生行動。

最常使用的時機是，需要請求他人協助或爭取資源的時候。像是跨部門的專案簡報，特別是需要他人配合或採取行動的時候。

通常，說服性簡報的使用比例，不會像敘述性簡報這麼頻繁，但是，說服性簡報相對比較難練習，如果你練習得很好，在職場中會非常吃香。也就是說，一旦你的說服性簡報做得好，說起來有效果，也證明了你影響別人的能力很強，會比別人更容易抓到重點，更容易取悅別人，機會也更多。

跟敘述性簡報不同的是，說服性簡報必須要有更強力的開場。

如果我說敘述性簡報的開場強度，以聲音來表示，可能是「咚、咚、咚、咚」，那麼說服性簡報就是「砰、砰、砰、砰」，兩者的聲音強度是不一樣的。

強力開場必須要搭配肢體做為延伸。另外就是講話的內容、講出來的效果，要讓聽眾覺得「哇！」、「好厲害！」不管你用什麼方法，可能是驚人的敘述、相反的意見，或是奇聞軼事，名言、歷史故事，都一定要達

說服型簡報要領與概念

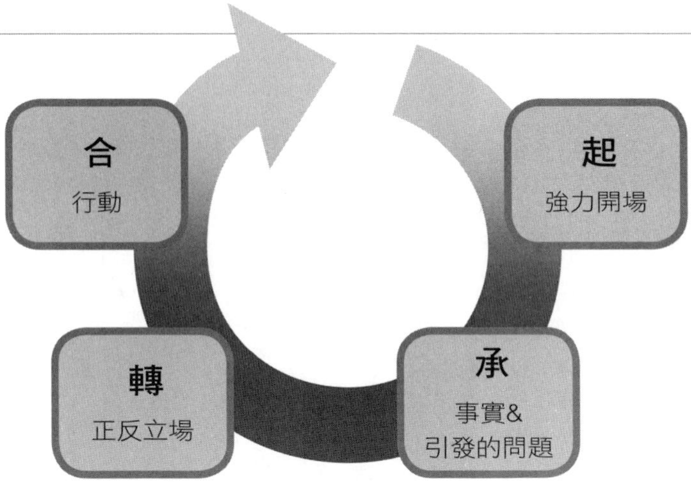

到很強的效果。

開場之後，接著要列出事實。事實一定要接在強力開場的後面。舉個例子來說，開場完畢後，可以提供一些數據或是以往的成效、經驗，讓對方知道這些事實影響了什麼。

你不能只講自己的立場，要提到正反兩個方向。

各位要記得，說服性簡報最容易犯的毛病是：你只講好的，沒有講不買你的東西會怎樣。當然，遇到跟你持相反立場的人，你要準備好答案來說服對方。

最後，一定要讓聽眾採取行動。所以在結尾語的時候，建議採取行動導向的金句，讓聽眾聽了不但心動，還想要馬上行動。

經典題目分享

我上簡報技巧課程的機會很多，也常常會提出一些題目來讓大家練習。比方說：「你贊成／反對松山機場改建為國際機場嗎？」

首先，你一定要用強力開場來告訴大家「贊成松山機場改建為國際機場」的原因。為什麼身為首都的台北市裡需要一個國際機場？

第二，你要告訴大家問題點。松山機場現在只有國內航班，它有什麼問題？或是，松山機場如果改建成國際機場，它會產生什麼問題？

第三，說明這個問題背後的問題是什麼。你可以說：「松山機場如果沒有改建成國際機場，台北市會失去競爭力，台灣就會沒辦法兩岸三通……」

然後，你一定要提到正反兩邊的立場。譬如說：贊成松山機場改建的人，他們在想什麼？反對松山機場改建為國際機場的人又在想什麼？

正反立場都說明完畢以後，最後你一定要引導聽眾採取行動。如果，台下坐的是台北市的里長或議員，你要讓他們做出贊成或反對的決定。不管是投贊成票或投反對票，你一定會有行動的指令展現出來。

另外一個常給學員參考的題目是：「說服你的老婆辭職回家帶小孩。」假設我們用這個題目來看。你在強力開場時就要告訴老婆：「妳如果再不回家帶小孩，我們家會變成……」這是用反方的立場來強力開場。

第二，說出事實。你可以舉一些例子告訴老婆「隔壁張先生的太太回家帶小孩以後，小孩的成績變得很好。」或者是「張先生每天都回家吃晚飯。」這就是列舉事實。

第三，那事實所引發的問題到底是什麼呢？或許是「小孩每天都沒有人照顧，只能送安親班，小孩會很累……」這就是闡述事實所引發的問題。

最後舉出正反立場。譬如說假使太太有工作，會有薪水；這是正方立場。但是太太沒有工作，就可以在家帶小孩，這是反方立場。

結論，你一定要主張一個行動，告訴對方說：「現在是妳應該要做決定的時候了。」

說服性簡報的要領

1. 強力開場：不是說話大聲，而是【破題】，讓剪刀更【鋒利】。
2. 事實：盡可能舉出【事實】。
3. 事實引發的問題：事實背後的【問題】為何？
4. 正反立場：記得陳述【反方立場】。
5. 行動：聽完簡報要聽眾【做什麼】？

說服性簡報的成功要件

1. 自然。
2. 不可用空洞話語。
3. 避免誇張。
4. 抓住重點。
5. 明確表達。
6. 使用圖表。
7. 音調及氣氛。

練習：成功的說服性簡報

題目：我反對A片在公開場合放映

最近天氣變熱了，我昨天看新聞，聽到宜蘭最高溫已經到了三十六點七度了。我想，天氣越來越熱，女孩子的衣服會穿得越來越少、裙子越來越短，背心、小可愛可能都出籠了。相信男生看了一定都會非常的開心。

但是，我想跟大家講一個很驚人的數據就是：根據內政部去年的統計，平均每一天，會發生五件性侵害案件。所以，我今天要跟大家分享的是「我反對A片在公開場合放映」。

在跟大家分享之前呢？我先介紹我自己，我覺得大家非常的幸運可以知道我叫做什麼名字，因為我的客戶平常只會聽到我說：「客服中心您好，一六四號專員，敝姓莊，很高興為您服務。」他們絕對聽不到我的全名，所以我覺得大家真的很幸運，請好好珍惜。

我在客服中心工作，有一些工作上的經驗跟大家分享。客服中心是二十四小時服務，除了正常班以外，我們也要輪值大夜班、小夜班。通常大夜班差不多到了十二點鐘過後，就會開始有一些奇奇怪怪的電話進來了。譬如說，電話那頭的聲音會先問妳：

「小姐，請問你們銀行開戶要準備什麼？」

一開始是很正經的問題，我也依照正常流程回答他。

「好的，請您準備雙證件……」

還沒全說完，對方就冒出一句話：

「喔！那小姐妳今天有沒有穿內褲？」

諸如此類的狀況，層出不窮。

還有一個印象比較深刻的例子。我記得在我國中的時候，有一天放學回家的時候，那天補習下課比較晚，回到家已經快八點了。我們家在巷子裡暗暗的，走著走著，我發現身後有個中年男子尾隨跟著我，心裡有點害怕。

最後，我看到一家雜貨店還亮著燈，我趕快跑過去，跟老闆娘說：

「阿嬸，好像有人一直跟著我，我可不可在這裡躲一下……」

那個阿嬸說沒問題，不只讓我在雜貨店裡躲著，後來還送我回家。我想這是台灣人的溫情。

講了這麼多例子，就是要告訴大家，為什麼我會反對A片在公開場合放映。因為現在的社會，各種資訊管道都很發達，已經有許多媒體可以提供影音服務。不可諱言的是這類影音內容，可能會讓人引起衝動。

我知道贊成的人會主張看A片不是什麼了不起的事。哪個男生沒看過？哪個女生沒看過？但是大家畢竟是偷偷摸摸看的，是在私密空間的私人行為，必須在特定的場合才能觀看。

如果公開播放，會不會讓人認為，既然影片都能夠公開播放了，影片裡的行為是否也可以公開進行。被認為是一種很模糊的允許，好像我是允許這種行為發生的。

所以，我的論點是，我反對A片在公開場合播放。希望大家也跟我一起支持，謝謝。

憲哥講評

在短短的十分鐘準備時間裡，沒有投影片輔助，卻清楚呈現說服性簡報的架構。她在強力開場時的表現不錯，自信心十足、四平八穩。談到事實的部分也能提供出有效數據，並且於事實所引發的問題中，舉了一個實例說明。親身經驗，尤其更能打動人心。

在正反立場上，我覺得應該可以再加強女性在夜晚回家時害怕的心情，以及在0800客服中心偶爾會被騷擾，與A片公開放映之間的關聯，相信一定會更切合主題。

在最後請求行動的部分，她清楚強調出自己要求聽眾進行的行為，我認為很直接，也很明確。她的表現讓我給她八十五分的高分。

你也來練習看看……

- 贊成／反對A片公開放映。
- 贊成／反對女生當兵。

- 贊成／反對廢除死刑。
- 說服單位老闆購買三台運動型跑步機。
- 說服老闆加你薪水百分之十五。
- 說服同事每週一都吃素。

22 應答妙招：三分鐘說完

當簡報進行到後半段時，聽眾往往可能會產生一些疑問，也可能由主講者開放大家提問的時間。這裡我要談談，當你在簡報過程中遇到問題或質疑的時候，怎麼回答會比較好？

台下發問時的對策

一般來說，台下有人發問是屬於正常狀況，如果完全沒有人問問題，反而比較異常。要嘛是你講得真的太好，都沒人有問題，要嘛就是你講得太糟糕，根本沒人在聽。

一般來說在回答問題的時候，有兩種思考的方向：一種是撞球式，一種是桌球式。

桌球式是指對方打過來，我就打過去。只要不要打到界外，或打到掛網，能夠讓球順利地打到對方的區域裡，就至少先過完這一關。所以誰先打出界，或是沒有辦法打過來，誰就輸了。

同樣的，桌球這種應對方法就是你出一招，我出一招。而且速度非常快，一問一答，你來我往。

如果回答的方法是採用桌球式，失敗的機會非常高。換句話說，對方提一個問題，你沒有經過思考，馬上就想要回答對方。這個時候，你跳進對方所設的陷阱的機率滿高的。除非你本身就是個非常厲害的高手，想要表達你自己有多厲害，不然，我不太建議大家運用。

對方一個問題，你就一句話吐回去，再來一個問題，你能又一句話回回去，這種機率並不多。只要你被問倒，就兵敗如山倒，一敗塗地，連帶剛才簡報裡所說的，效果都被打折扣。所以，我的看法是，這種桌球式的回答問題方法，不建議在專業的職場簡報中進行。

另一種是撞球式。大家看過電視上的撞球比賽轉播就知道，A這個選手開始打，只要把球打進袋，就繼續打，直到九號球全進袋，誰就贏得冠軍。可是只要有誰沒打進球袋，就要換人來打。

下一個要打球的選手進場來，他會先繞著球檯走，仔細觀看檯上各個球的位置，先看看球的分布局勢，才會選中一個定點，彎下腰來，開始打球。

各位看看這個動作。在回答問題的時候，不需要急著馬上去回答提問者的問題，而是先想想看，他為什麼問這個問題？他到底在問什麼問題？你已經清楚問題了嗎？要不要請他覆誦一遍問題的內容？等你都看清楚問題、想清楚了再回答。

我相信，你只要能夠清楚抓到問題的重點，就是比較好的簡報提問回答技巧。記得，盡量用撞球式，避免用桌球式的方法。

即席簡報：三分鐘就有影響力

在職場當中或是在學校，常常可能會被教授或主管臨時問到一些問題。這在回應的架構上本來就比較困難，所以建議大家，要先確定目的。

到底這個問題需要我們傳達資訊？還是想要求對方採取特定行動？還是要呈現出娛樂的效果。確定目的的方式很簡單，想想看，聽眾聽完你的簡報之後，跟沒有聽你簡報之前，會有什麼不同？

三分鐘影響力的魔術方程式

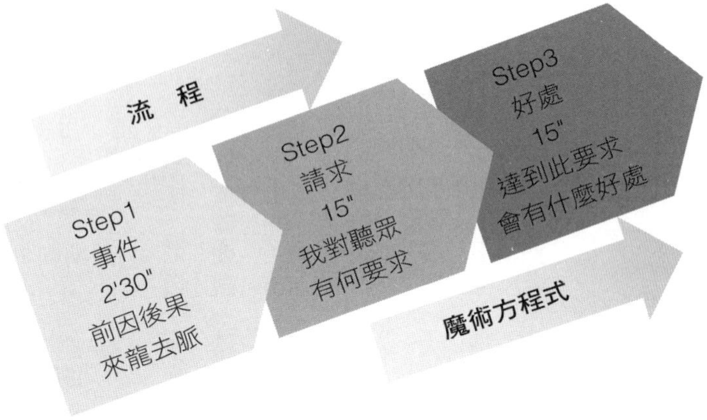

這個時候請你記下關鍵字。就是講話過程中有什麼key word，可以用小紙條記錄，或是簡單寫在本子上，我相信這都可以提示你待會在簡報的過程中，把該講的都說到。

通常即席簡報不會有太長的時間準備，他現在問，待會你就得馬上回答。一般來講，三分鐘的即席簡報說長不長，說短不短，這個時間長度要說好故事，其實不容易講。如果你有準備，三分鐘一定不夠；如果你沒準備，三分鐘很可能就會出現冷場。但是，三分鐘是一個人能夠集中精神聽一個故事的最長時間。

建議你把它拆成三個架構——事件、請求、好處。當你要講一件事情，卻發現你沒有組織、沒有內容或是沒有概念時，你可以試著把這三個元件套入公式來講。

如果你有三分鐘的時間，你大概可以利用兩分鐘三十秒左右的篇幅，來告訴聽眾你要描述的「事件」。把你要說的故事的前因後果、來龍去脈說清楚。

切記，時間不多，請講重點。

你接著要說「請求」。即席簡報的重點是，要讓聽眾在聽你講話前與後有所不同，所以你要告訴聽眾：「我對你有什麼請求？」

最後再說明，如果你做到這個請求，對你有什麼「好處」。

記住這個時間結構：兩分半、十五秒、十五秒。先講事件，再說請求，再強調好處，大部分的人記得提出請求，但常常會忘了說好處。

所以，事件、請求、好處，就是你臨時被問問題或要求即席簡報的時候，可以快速套用的公式，也是臨危救急的萬靈丹。

練習：三分鐘即席簡報

學員案例：

（事件）五年前，我在念大四的時候，班上正在討論畢業旅行要去哪裡。我那時是班代，就提了一個「去澎湖」的方案。

為了希望全班都能參加，我有了一個提議：那時候×××這檔股票，正在募集投資人，抽人頭股。我把同學們的身分證收集過來，整理好資料去參加抽籤，抽到的人就可以購買×××的股票。

我們募集了五十多張身分證去申請要購買股票，而且大家都簽了切結書，只要任何一個人抽到股票，賣掉的盈餘要全都歸入旅費的公基金。很幸運的，我們其中有一位同學中籤了。

我們在一個禮拜以後賣掉股票，賺得了十餘萬的獲利，補貼了全班同學去澎湖旅遊的大部分費用。我們當時討論的結果是，每一天給每一位同學一千元的零用金。由於銀彈充足，那次的畢業旅行出席率百分之九十五，可以說是當時各班參與率的最高峰。

（請求）說這個故事的目的是希望在座朋友能夠「多去嘗試」，很多事情你不去試，永遠不知道。

（好處）只要做了，或許會得到意想不到的結果。就像我，當時不僅得到我們班同學的讚賞，連別班同學都對我感到崇拜。

謝謝大家。

憲哥講評

這位學員用一個親身經驗來詮釋很多事情，讓聽眾理解「沒去嘗試，就不知道結果」的概念，很具說服力。再加上他以畢業旅行承辦人的角色來說明，讓故事可信度更高；同時也告訴大家，凡事都有方法可以解決。這是很好的詮釋，當天，他拿下了單場MVP。

23 積極式的影響力

除了簡報和即席演說以外，在平常的工作場合裡，也有口語表達派得上用場的時刻，無論你是要拒絕或是想拜託別人幫忙，都可以善用積極式的說話法來影響他人，讓別人順從你的決定。

三種不同的對話態度

有時候同樣的一句話，因為說法不同會有不同的效果。

例如：中午時在公司問同事：「今天中午要吃什麼？」

「我要吃雞腿飯，要去皮、不要辣蘿蔔、要滷蛋。」這是侵略式。

「如果你方便的話，我想吃雞腿飯，菜你選就好，如果沒有，就買和你一樣的。」這是積極式。

「隨便，吃什麼都好。」這是消極式。

三種對話的態度

今天中午要吃什麼？

侵略式 aggressive	一定要……
積極式 assertive	建議是……
消極式 passive	都可以

積極式的影響力是一種正面思考的能力，像以上的回答一樣，既能表達自己的想法，又不會太勉強他人，創造雙贏的溝通方式。這樣不僅能把自己的訊息轉換成說服對方的語言，同時也能讓自己站在對方的立場想，雙方能顧慮到彼此立場，是一種「我好，你也好」的雙贏策略。

想想看，有沒有一種狀況是，別人要求你幫忙，想說NO，可是又不想明白講。這裡有一種積極式的溝通方法可以幫助你說NO。簡單的說，就是「讓對方碰軟釘子」。

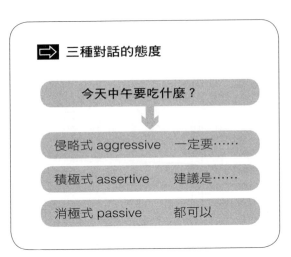

打造雙贏策略

舉例來說：

公司的HR邀請我擔任公司年度尾牙的節目主持人，如果我意願不高，就可以回答：

「嗯，節目主持人啊……如果林志玲能來跟我一起搭擋，我一定參加……」

也就是說，如果你實在不想答應對方的邀約，提出的條件就得是要難到幾乎不可能做到。

或者這樣回答也是一樣的表示：

「這樣啊……我的老家在台東，尾牙那幾天剛好我得回老家一趟，如果尾牙能在台東舉辦，那我一定能接。」總之就是機率比較低的答案。通常你這麼說，對方就知道你在給他軟釘子碰了。

第二個步驟是「提示我可以幫你……」意思就是說，雖然我不能答應你擔任主持人的工作，但是我可以提供你一個替代方案，以表達誠意。

例如：

「嗯，節目主持人啊……那天我剛好有事耶。不過雖然我不能參加，但我可以幫忙想遊戲。」

接下來說明雖然這次不行，但下一次有機會一定會提早挪開事情。或者可以介紹別人比自己厲害的人來擔任主持人。最後說明如果自己明明沒空還隨便答應，會因為趕場而產生可能開天窗的後果。

拿我自己的經驗來舉例：

有時候企管顧問公司的助理想幫我安排某些企業單位的課程，我才一聽，就知道那門課是我不想上的。但是，我不能無故推拒顧問公司幫我安排的課程啊！

如果我直接說：「我不上！」

那助理可能會覺得委屈：「憲哥為什麼不想上我排的課？……」或者很生氣：「憲哥你是在針對我、故意整我嗎？……」我可能就因此被冠上不肯配合的難搞講師稱號。

但是，如果我勉強自己去上不喜歡或不專長的課程，又有違自己的原則。這種時候，我就需要採取積極式的溝通方法，讓對方接受我說ＮＯ的意見。

所以我就會回答：「如果是二月份，那我就考慮。如果是這個月，我時間上可能排不出來……」

「哎呀，憲哥，那你就是不能上了喔……」

「嗯，這樣好了。我雖然不能幫你上這堂課，但是我可以幫你介紹一位同樣很優的講師，你覺得怎麼樣？我前幾天才聽過他講類似題目，講得超好。我給你他的電話，你自己去連絡他如何？他在講這類領域的場合有很高知名度，你只要跟他說是憲哥推薦的，他應該會樂意幫忙。如果下次你早一點跟我講的話，我一定願意幫你的忙。我現在沒時間準備，如果隨便答應你，到時候表現不夠好，說不定反而害你在公司沒有立場、失去信用，那就不好了。」

站在對方的立場上著想，為對方想辦法，這是百戰不敗的積極態度，一定要好好把握。給對方台階下，不會覺得心裡不舒服，是最高原則。

積極式說NO的五個步驟

1. 提示可達成條件：如果怎樣就可以……
2. 提示替代方案：我可以幫忙什麼。

3. 明白表示下一個機會：下一次……
4. 介紹其他資源：誰可以做得更好。
5. 表明隨便答應所造成的壞處：拒絕的理由。

讓人說YES也不難

在拜託別人的時候，可以先以聊天的形式開場，話題盡量走正面立場，然後再切入主題。問題冒出來以後，最好明確的把狀況說明出來，不要給人一種推卸責任的錯覺，好像自己不想做才推給別人做的樣子。

當對方願意繼續聽你說下去時，先把你的想法表達出來，再以明確的拜託做為結尾，明明白白的把你的目的攤開來。

比方說：「你也知道，我老婆快生了，不適合離家這麼遠、這麼久……你可以幫我去上海出差嗎？」

為了幫助對方加快考慮的速度，請快速地端出好處，告訴對方如果接受你的請託，可以有什麼樣的好處。像是「你還沒去過上海吧！那裡很值得好好看、好好玩，在工作之餘也能增廣見聞，不錯吧！」

最後，提供你自己的下一步做法、即將採取的行動。例如：「如果你答應我，我等一下就去跟副總報告這個好消息，謝謝你的幫忙！」

一連串的對話鋪陳下來，不僅能讓對方感受到你的為難和誠意請託；還能告訴對方這個決定對他而言會是個有益處的決定。相對的，就能以積極的溝通方式，提升讓對方說ＹＥＳ的機率了。

讓人SAY YES的六個步驟

1. 正面的開場白。
2. 說明狀況。
3. 表達想法。
4. 明確的拜託。
5. 告知好處。
6. 提示自己將採取的行動。

練習：說NO的案例

學員示範：向福委會主委推辭尾牙主持人工作

「××，今年公司不打算請藝人來主持，希望由同仁來擔任尾牙晚會主持人。聽說妳以前曾經參加過很多社團活動，有很多帶活動的經驗，不知道妳願不願意幫我忙擔任晚會的主持人。」

「如果我能在一個月內減肥五公斤的話，我就答應你。」↓提示可達成條件。

「幹嘛講這樣啦！」

「我這種身材如果不瘦下來穿禮服根本不好看，妨礙大家食欲啦！不然，我幫你問一下○○，她以前也主持過活動，台風應該滿好的。我們還滿熟的，我去跟她談，她應該會答應吧。」↓提示替代方案。

「可是我還是覺得妳比較適合耶……」

「下一次啦，下一次好不好，我現在已經有減肥計劃了，非瘦下來不可。下一次你再找我，我一定沒問題。如果○○你覺得不適合的話，像●●和△△應該也都是不錯的人選啊……」**↓介紹其他資源。**

「我真的不是不願意幫你。要是我答應你了，結果我找不到穿起來能看的禮服，或者是那天我在現場還是因為我的身材而放不開，主持的效果不好，不是反而害了你？讓別人以為你選人的眼光不好或是執行力不夠？」**↓表明隨便答應會帶來的壞處。**

憲哥講評

這篇學員案例，結構相當符合積極向對方說ＮＯ的公式。身材這個選題，也是一個較難讓人克服的難題，相對來說，第一根軟釘子就奏效了。再來，帶出其他同仁也是優秀人選的方式，主動表達願意幫忙等等，都是按部就班的推辭步驟。一方面堅定立場，一方面提供退路讓對方妥協，這就是積極說ＮＯ的藝術。

練習：讓人說YES的案例

學員示範：拜託同事代自己去上海出差一個月

有一個參展機會，原本是●●要跟處長去，但●●覺得○○是更好的人選。

所以，●●找了個機會跟○○提起這件事（以下將●●的說法列出來）。

●●說：「○○，最近工作狀況怎麼樣？一切都還好嗎？有很常出差嗎？我記得之前你好像有去過一次大陸。」↓**先哈啦個幾句當開場白。**

「是這樣的，其實我們這次去參展，除了採購新產品以外，同時也要去看看香港的電腦設備，不過這個部分我又不太懂。雖然懂一點，但也沒有你專業，所以我覺得你去的話，搞不好還可以帶處長到香港分行去看看。」↓**說明狀況**。

「如果你可以的話，我可以先和香港分行連繫，到時候把分行納入行程。順便把一些最近跟香港分行在溝通上的問題也帶著，趁這個機會討論看看有沒有解決的辦法。」↓**表達想法**。

「本來我是很想去啦，不過最近採購部門事情實在太多，有點走不開。我覺得你從以前就跟處長互動得不錯，你去的話，還可以幫忙照顧一下處長。你願意代替我去嗎？」↓**明確拜託**。

「你知道嗎？我們這次出差，除了公司付帳以外，一天還會補貼三、四千塊的零用。這個你老婆不會知道，可以留下來當個小小的私房錢。」↓**告知好處**。

「如果你ＯＫ的話，我等一下上簽呈就把你的名字一起填上去。好嗎？」↓**提示即將採取的行動**。

憲哥講評

這篇學員案例，也是結構相當清楚。在開場白的切入點上，很快速的帶入主題，接下來，不只將自己的想法清楚表達，將對方比較適合的情況務實分析，提出明確的請託，最後也確實加上告知好處和下一步行動的說明，是一篇很成功的積極讓人說ＹＥＳ的說話內容。

聽完了大家是不是也覺得〇〇只有答應一個選項了呢？

Part 5

任何人都能發揮影響力

前言

二〇一〇年一月十六日，是我的司機嫁女兒的日子，她邀請我去參加婚宴，還費盡心思要我上台致詞，說一小段話。

既然百般推辭不過，而且她這幾年接送我到各地講課，也幫了我那麼多忙，最後我就答應了。

想不到，仔細一看，排隊要致詞的人可多著，舉凡立委、市議員、地方仕紳代表，很多人都被邀請上台講話。我剛好被排在最後一棒。

參加過婚宴、喝過喜酒的人一定知道，台上的人講什麼，不見得人人都在聽，最重要的是快點講完最好，否則不講完不上菜，大家可要餓昏頭了。

所以，如果你有機會在婚宴時站在台上，你就有機會體驗黃小琥在牛排西餐廳駐唱的經驗；台上唱得深情款款，台下吃得大塊朵頤，完全沒交集。我上台之前，就已經充分觀察到這個現象，不論台上是市議員還是地方權貴，掛在嘴上的都是「早生貴子」、「百年好合」之類的八股賀辭，台下根本沒人在聽。有人忙著閒聊打屁，有人狂嗑瓜子，只差沒有敲著桌面等菜上桌。

輪到我的時候，瓜子已經嗑得差不多了，賓客們的耐心大概也已經到了臨界點。我的前一棒是一位同行，也是企管顧問講師，憑著平日上課說話的本事，當然也讓他贏得不少掌聲。雖然同行不是冤家，異業可以為師，但是論起口語魅力，我也不能太漏氣；所以我在心裡暗暗設下一個小目標，我要讓所有的賓客都抬起頭來，停下閒聊，不嗑瓜子，全部專心聽我說話。

拿到麥克風，走到舞台中央之前，我就開口說話。我說：

各位賓客大家好，我這幾年常跑大陸上課、演講，聽到一段很有意思的順口溜跟大家分享。大陸人是這麼說的：

沒到過北京，不知道自己官小；

沒到過上海，不知道自己錢少；

沒到過海南，不知道自己身體不好；

沒到過東北，不知道自己膽小。

這段順口溜，相信很多內地朋友都知道，說不定也常常說。但是，我今天要修正一下這段話，同時要請新郎特別注意聽。

我要說：「沒到過青島，不知道啤酒可以喝到飽；沒到過台灣，不知道台灣女孩這麼好。」

那一天的婚宴，是兩岸聯姻，新娘出國剛拿到學位，新郎是有為的青島青年，現場的親友來自兩岸三地。光是我那段順口溜，就已經讓許多人張開耳朵，想聽聽看我打算怎麼說，因為那是他們熟悉的內容。等到我說完「沒到過台灣，不知道台灣女孩這麼好。」這句話時，台下頓時響起如雷的掌聲。

一句話，哄抬了主人，生了個「這麼好」的女兒，也哄抬了客人，有眼光挑了一位「這麼好」的新娘。說了這麼好的話，不給掌聲行嗎？自然是所有人熱烈鼓掌了。

當下，就連原本完全不注意台上動靜的人，也忍不住想要聽聽看到底講了什麼，會有這麼多人鼓掌。

我終於成功達成我設定的目標，讓所有的賓客專心聽我接下來要講的祝賀辭。

24 用職位發揮影響力

前面這段小故事，是我的親身經歷。這個故事所顯現的，正是影響力的發揮。我要如何讓別人受到我的影響，去進行我想要他做的事，認同我的理念，接受我的提議，這些都是影響力的成果。

職位權&個人權

簡單來說，影響力就是讓別人因為你而產生某種反應或行動的力量。人與人之間，只要有所互動，影響力就會發揮作用。要不就是甲影響乙，要不就是B順從A，一定是某一方帶領著另一方在想法或行動上產生影響。不管是主管在部門間推

影響力的運作

甲→→→乙

（甲影響乙）

B←←←A

（B順從A）

→影響

←順從

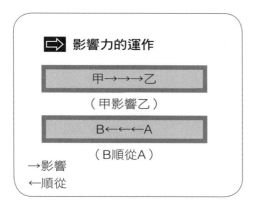

職位權和個人權

職位權
(position power)
1. 強制權
2. 獎懲權
3. 合法（法定）權
4. 資訊權

個人權
(personal power)
1. 資訊權
2. 專家權
3. 典範權

動策略，家長和小孩的親子關係，或是夫妻之間的相處，都有影響力在潛在運作。

也可以說，影響力是一種讓人去做原本沒有想做的事的力量。

例如，老師要你寫作業、媽媽要你買醬油、為了女友發憤讀書、想和王建民一樣去打棒球，或者是你聽完憲哥的課、讀完憲哥的書，決心開始發揮自我內在的行動力量，立即展開行動……以上都是影響力所帶來的效果。

影響力的來源大概可以區分為兩大類，一是職位權，一是個人權。

當權力和影響力的來源，是由職位上的主從關係而來，稱為職位權（position power）。也就是說，對方是你的老爸、是你的老師、是你的主管，這些人是「主」，而你是「從」，因此他們會對你有影響力。

例如：我是主管，你是職員，我可以在會議上要求你：「在下個禮拜五以前把報告完成。」而你也必須如期完成，這就是我對你的影響力。而老師在期末考時對學生說：「只要沒考到六十分，這堂課就當掉。」這也是因為有了老師這個職位和身分，才能對學生產生影響力。

擁有職位的人，通常也會同時擁有以下四種權利，分別是：強制權、獎懲權、合法（法定）權，以及資訊權。

職位權不是永久有效

簡單來說，職位權就是因為職位而對另一方具有強制約束力的權力。例如公司明文規定單位主管每月可報銷交通費五千元，部門主管可報銷一萬元等等，這些就是受制度法規保障的合法權利。

或者，像交通警察可以取締你違規、開紅單罰款；管理部經理可以核准你的交際費用可否報銷；採購部主管可以審核廠商報價等等，這些都是因應職位本身而產生的合法權。

其中，比較特別的是資訊權。也就是指唯有坐在這個位置的人才會知道的訊息、know-how，例如擔任HR的人會知道外聘講師的鐘點價碼、編輯會知道每一本書的製作成本等等，這些都是因應這些職位才能取得的資訊。因為你掌握有這些資訊，所以底下的人要聽你的，服從你的影響力。

以上這些因應職位而來的權力，有一個共同特色，就是只要職位變動，權力的所有權就會跟著變動。簡單來說，只要你不再具備店經理的身分，你就不再擁有身為店經理所能取得的各種權力，你不再能分配或調動店員的工作、不能過問進貨品項、店內陳列……當然也不能再以店經理的名義與廠商往來。這些權力都將由下一位接任店經理職務的人承接。

也因此，伴隨職位而來的權力所造成的影響力，在時效上是比較短的，影響力和領導效能也較低。舉例來說，有些員工雖然服從你，但只限於公務，表面上你是我的主管，我會聽你的；可是，今天只要你不再是主管了，或是你調部門了，我就不用再甩你。一般而言，這種情形較容易發生在高壓式的經營管理中。

雖然我前面舉的都是在職場內常見的例子，但其實在一般家庭、學校生活中，也處處可見職位權帶來的影響力。

佛珠管理學

有很多時候，不見得擁有職位權的人，全都是因為外在的光環而有影響力。個人的人格特質和思想價值觀等等，以及獨特的行為模式，往往也有影響的效力。

以前我在信義房屋的時候，還是個菜鳥業務員，當時的店長蘇店長底下管了七、八個人，負責一家店的業務績效，有一位祕書協助。

蘇店長是文化大學地理系畢業的，雖然「地理」和「房地產」都有個「地」字，但並不表示這兩個領域有所相關。也就是說，店長地理系學士的學歷，對於他是否能夠勝任房仲銷售業務員或是房仲業店長，並沒有直接幫助。蘇店長能把我們這一大群人管理得服服貼貼，顯然不是靠學歷來撐場面的。

蘇店長帶人，全靠帶心，他從來不會用權威來壓人，也不是靠精英的外在條件來服人。論學歷，我們兩個差不多；論年資，他只比我早三年進信義房屋；論專業，我考上不動產經紀人國家執照，店長還沒考上。但是我對店長百分之百信任，他叫我幹嘛我就幹嘛，我總是會聽他的話。

我常常戲稱他做事帶人自有一套「佛珠管理學」。

蘇店長是一位虔誠的佛教徒，身上總是帶著佛珠。每天業務員們外出客訪、拓點調查，我常常看到留守坐鎮的店長，握著他的佛珠念念有詞。有一次，我很好奇地問他：「店長，你每天念著佛珠，是在念什麼呢？」

他笑著說：「喔！我是在向菩薩請求，請佛祖保佑你們幾個出去工作的時候，騎車一路平安，每個人都可以順利談成案件，簽到大APPLE（意即非常棒且必賣的案子）。」

剛進店裡的新業務，只要讓店長看出潛質、有潛力、有上進心，店長就會安排他個別面談，針對他的特質和追求的目標，好好聊聊。等到面談結束，店長會拿出一串佛珠，說是加持過的，送給他，祈求他做事平安、工作順利。那是店長送給他的祝福，告訴他以後不管遇到什麼困難，都可以來跟店長說。

佛珠有沒有靈力，不得而知，但是店長對員工的關懷，卻不言而喻。

我們店裡的業務，只要手上有戴佛珠的，就是店長的愛將，特別倚重的對象。

可見，**擁有職位權的人還需要有值得人信服的人格特質，才是真正的會管理。**

25 用專業達到影響力

在職場裡，有另外一種影響力是來自於個人本身，稱為個人權（personal power）。個人權有三種形式，分別為資訊權、專家權和典範權。

個人本身的權力

個人權簡單的來說，即是擁有相關資訊，或是某方面的專業人士，亦或由於其人格特質、行為模式，而成為領域中的典範，擁有足以影響他人的能力。

資訊權，則是因為個人所擁有的資訊產生的影響力。與職位權中的資訊權不同的是，這是屬於一種帶得走的能力。例如你擁有的人脈，即使在你離開原本的工作崗位，仍然有可能繼續維繫。

以業務員來舉例最容易懂。大部分從事業務工作的人都很清楚「名片」的重要，因為名片上的資訊可以讓你與對方有初步的連繫管道，透過這個管道可以讓你一點一滴養出自己的人脈。所以，在業務員離職的時候，常常會聽到他們被要求將所有的客戶往來的名片留下來。

可是，如果是真正的業務高手，往往並不單只是倚靠名片來獲取佳績，所以也常常會聽說保險業務員離職跳槽，客戶也跟著轉單的案例。

而在職場中，一位有影響力的人容易獲得成功，職位、專業能力、學歷、背景，都有左右影響力的可能。以憲哥來講，明明沒有大公司的職銜，但卻可以讓超過三百家以上公司的主管們一個個坐在台下聽我上課，我說的話，他們也點頭同意。我對這些聽眾的影響力，顯然並不是來自於我擁有什麼職位。我不是他們的董事長，也不是總經理，而是因為我所說的內容、知識、資訊是他們所不知道的。也就是說，我擁有的是專家權。

專家權之所以能夠影響對方，最重要的就是要展現專業能力。當你擁有專業知識、具備專業能力，成為領域內的專家，就容易讓人信服。

典範權的影響力

我前面提到的蘇店長，他要搬家的時候，只是問了同仁一句：「今天晚上九點，有沒有人願意幫我搬家？」結果，全部的人都舉手。半夜兩點，總算搬完，店長請所有的人到永康街吃宵夜，那一幕景象，我永遠不會忘記。在我心中，蘇店長已是一種主管的典範。

簡單說，典範就是專家中的專家，在領域中具有一呼萬諾的聲勢，是剛入門新手所崇拜的對象。

從我們的生活中，處處可以看見以典範權來推行影響力的蹤跡，以廣告來說明最傳神。企業要推出新產品、尋找代言人時，會很重視代言人是否具備領域典範的特質。比方說，找名廚阿基師來代言廚房用醬料、油品，甚至生鮮蔬材等等，就特別具有說服力。這意謂著阿基師在做料理這方面已經讓大眾信服，他的選擇和一舉一動，可以讓許多人跟隨。

所以，**除了妥善利用因職務之便所帶來的影響力外，最好還能累積個人的實力與經驗，培養出個人的影響力**。如此無論走到何處，都可以透過影響力來達到成功的目的。

提高個人價值擁有影響力

我常去零售業上課，零售產業與其他行業相較起來，員工的起薪不多，升上主管的機會也不大，絕大部分是沒有什麼權力的最基層員工。但即使是基層人員也可以有令人尊敬且值得效法的精神。

比方說，有一位在特力屋賣場任職的員工，他每天的主要工作是操作取料機，像是為客戶拿擺放在高架上的油漆、物料等等。看似是一項好像沒什麼的工作，但做得認真，久而久之，大家都會看得出他的價值所在。

當顧客表示想要買某一款油漆時，他就會立刻熟練且快速地操作取料機升降，準確地拿下客戶所要的油漆。光是做好服務的這項特點，就足以讓這位顧客下次再上門消費了。

所以，請千萬不要小看自己的潛能，當你擁有認真的基本態度，再加上善用口語表達能力，相信一定能為自己爭取更多的機會。

26 1+2法則：一個事件，兩個看法

在那麼多種影響力裡，大部分是無法借助外力的。畢竟，我無法幫你升官、無法加你薪資，也沒辦法給你更高的學歷。但是我可以教你如何透過口語表達能力來提高影響力。

口語表達的重要

一個有專業能力又有口語表達魅力的人，更能強化專家權的影響力。而一個專家如果再加上好的口語表達，就有可能躍升成讓許多人印象深刻的典範人物。

可能有人會問，那如果我又沒職位又還沒有專業，是不是就永遠無法展現影響力，只能一輩子沒沒無聞？

在這裡，我要特別強調，一個人能夠發揮多少的影響力，這沒人說

影響力與個人的關聯

{ 學歷 / 專業能力 / 年資 } ＋ 口語表達能力 ＝專家權

{ 專家權 / 人格特質 / 行為模式 } ＋ 口語表達能力 ＝典範權

〔（職位權＋個人權）× { 個人信譽 / 人格特質 / 行為模式 } 〕× 口語表達能力 ＝影響力

得準，得看每個人的機緣和努力。但是，這並不代表我們今天是nobody、沒有高學歷或高職位，就永遠沒有影響力。我可以跟大家分享一個公式，能夠更清楚了解影響力與每個人之間的關聯。

在職位權這個欄位裡，範圍從0到1。但是**只要是人，就會擁有個人權，只是權重比例高低而已**，就算只有0.00001，你的影響力都會大於0。所以，就算職位權是0，而我們的個人權再小，都不可能沒有影響力。

如果這兩項加總再乘上個人信譽、人格特質、行為模式等，就會讓我們的形象有不同的變化，而好的口語表達能力，又更能讓你的影響力倍增。

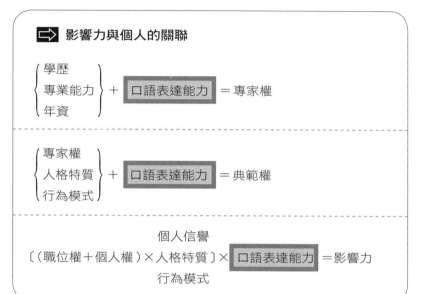

短短兩分鐘表達看法

想要提升口語表達能力，可以試著從「1＋2法則」開始。也就是針對同一個事件，用自己的觀察力與描述力說出兩個看法，同時讓聽者對你的意見更了解。

你可以試著從時事中取材，例如針對「王建民重新登上投手丘」這件事，用兩分鐘來表達看法：

（第一分鐘）我們的台灣之光王建民在大聯盟重新登板先發，這一天他穿著國民隊的紅色球衣。雖然他已經闊別球場七百五十五天了，但由於他努力復健，讓右肩日漸康復，教練也評估他有能力上場打球，終於，他再次登上投手丘，為球隊謀求佳績。

王建民的故事，對台灣人而言是很正面的示範，我們也期待他未來在大聯盟的投手之路，可以有更好的表現和發揮。

（第二分鐘）針對這個事情我有兩個心得要分享，第一：現在跌倒，不代表一輩子跌倒。你從哪裡跌倒，就要從哪裡站起來。王建民今天如果在復健的過程中覺得很辛苦，拍拍屁股就跟教練說我不打了，我要回台灣，比賽就結束了，他的成就也將到此為止，畫下句點。

就像我們每天在工作中，難免會遇到挫折和困難，這些困難和王建民有右肩廢掉的危險相比，只是內心受挫而已；他都可以爬起來，為什麼我們要讓自己深陷在漩渦裡無法自拔呢？

第二個心得是，王建民之前在洋基隊，拿到勝投的機會似乎比較高，就算他投出去的球被對手打出五分，他的隊友說不定可以打下七分回來，比賽的勝利依舊屬於洋基。但是他今天在國民隊，每一球都不能不謹慎小心，因為就算他每一場都將失分控制在兩分以下，但萬一他的對手只打擊一分，比賽最後還是會以二比一輸掉。

所以這個故事告訴我們：你一個人好，不代表真正的好，要整個團隊都很好，才算是真正的好。我深深的期待，我們的公司，就像大聯盟裡的洋基隊，每一個王建民都能盡情發揮，奪下每一場勝利。

時間短但要注意正確性

在短短的兩分鐘裡，透過一個事件，經過兩個意見的引導，傳遞出兩種完全不同的看法，這就是「1＋2法則」的妙處。

不過，我建議大家，在實地應用或演練時，要特別小心，在描述事件時不要講錯。假設你想講王建民在國民隊打球，卻口誤成勇士隊，這就容易顯現出你對這個議題領域不熟稔、不夠專業，相對的就會比較沒有說服力，影響力也跟著打折扣了。

結尾：說得好，成為職場常勝軍

小時候住中壢，祖父都會帶我從中壢去苗栗頭屋鄉的姑婆家看梅花鹿。每次看到梅花鹿我都很害怕，姑婆就常跟我說，你當班長，還怕梅花鹿喔？（當班長，跟怕梅花鹿有啥關係？）隨後，祖父還會帶我去附近鄰居家串門子，不停的和大家說：我孫子多厲害，多厲害，一直宣傳我口才有多好。

其實，我一點也不覺得我口才好。直到我懂事後，有許多機會站上舞台，才靠著獨特的反應與臨場功力，一場場過關斬將，才有今天的我。我不是天生的，我是不斷把握機會，反覆練習才成功的。

所以，為了讓各位讀者和我一樣擁有好口才，我要公布一套我每次上台講話時，心中總是默念的一句制勝台詞，那就是：起承轉合。

這四個字，其實國小三年級就應該會了（我有去跟我兩個兒子查證），聽起來真的沒什麼了不起，但是同樣的，把簡單的事，做到不平凡，其實就成功了。

最後，綜合前面的內容，我將之歸納成下面這張表，熟讀它，你也可以輕鬆說出影響力喔！

	起15%（剪刀）	承40%	轉30%	合15%（棒槌）
敘述型簡報	開場白／簡介	正文／主文／本文		結論／結尾
說服型簡報	強力開場 發揮創意 不要用老套	事實／事實所引發的問題 數字數據最佳	正反立場 正反意見記得都要陳述	行動 到底聽完後，要我們做什麼
魔術方程式	故事第一段	故事第二段	故事第三段	請求：產生共鳴 對聽眾產生好處
三點全露法	鋪陳切點	埋伏爆點一	埋伏爆點二	放點收尾

透過本書，我要跟讀者分享的是，在學會好的口語表達之前，得先充實自己，之後將好口才用在正當的地方，才能產生正面的影響力。

我在職場二十年，看過許多專業能力強，口語表達很遜色的人，老實說，真的很吃虧。當然，我也看過專業能力在水準以上，也總是能在關鍵場合說出具有影響力話語的人，他們多半是職場常勝軍。

本書希望大家在專業能力上先好好加強，再輔以好的口語影響力，人人都能變成職場常勝軍。

憲哥的影響力

你有夢想嗎？跟我一樣，行動吧！

（企管顧問公司前課程經紀人　胡小芳）

「我想去環島耶！」

「很好啊，騎機車還是搭火車？」

「腳踏車。」

「腳踏車？環龜山島還差不多。」

「當然是環台灣島囉！」

興致勃勃的與朋友分享我的小願望，卻頻頻被潑冷水。今天，我已經結束單車環島的旅程。我做到了，實踐了嚮往已久的夢想。

我是一個再普通不過的上班族，繁忙的工作，不高的收入，卻有著一個很久以前就藏在心裡的夢想——單車環島。騎單車是近年越來越流行的運動，而騎單車環島更是越來越普遍的活動。學校辦環島、政府辦環島，馬總統也參加環島。在鄉村長大的我，童年記憶裡，單車更是我無法抹去的回憶，跟別人在田野間軋車時留下的疤還在膝蓋上。

兩年前，開始有朋友出發環島，心裡羨慕他們的熱血，但卻沒有付諸行動。直到今年，看了憲哥的《行動的力量》這本書，深深地啟發與影響了我，不要說沒時間，只看你是不是真的想做。

於是，找了幾個志同道合的朋友規劃一番，練體力、買裝備，勇敢的向公司請了兩個禮拜的長假，出發了。

第一天出發，預計往北騎到基隆，上第一座橋，就讓我氣喘吁吁，心想：「不會吧！該不會今天就要打道回府？」這怎麼可以，排除千萬難關我才有這個機會上路，說什麼也不能放棄，想到這，一股力量又湧上心頭，腳在酸痛，心在激動，踏板繼續踩下去。

第四天到了花蓮瑞穗，看到電視上南瑪督颱風就要從南部往屏東襲來，這正是我們預計要經過的路線，家人朋友們都勸我們快回台北，剩下的之後有機會再完成。但是，這些動搖不了我們的決心，哪裡有半途而廢的道理呢？避過颱風後繼續上路，雨越下越大，車越騎越起勁，決心越來越堅定。

最後一天的路程，心情五味雜陳，即將完成夢想的感覺不可思議，我真的做到了，嘴角掛著一抹微笑，平安回到台北。

人生沒有夢想那很不像樣，夢想沒去實現那還不一樣。

其實，單車環島並不稀奇，但要能克服現狀，真正實現的或許難得。

也許，等我老了，唯一值得自己驕傲的，就是用自己的腳，踩著單車環島一周，這是人生中最值得炫燿的事。

能影響自己的，就只有行動

（知名量販店採購經理 陳逸榛）

今年六月二十四日，剛好在網路上看到同事說要去挑戰泳渡日月潭，我猶豫了。從十五歲開始，每每遇到我躊躇不決的事情，我就會想起那句「什麼都不做的風險」，腦中轉過無數個說服自己不需要參加的理由。但我知道其實只是我自己害怕碰水、恐懼踩不到地，接著就會和以往一樣只能目送大家參加有關水上的活動。

於是在我生日前一天，我決定給自己一個禮物，我要改變這個一直以來讓我害怕的事，我要參加！但是，只會抬頭蛙的我，得要在一兩個月內學會換氣，甚至馬上挑戰日月潭。我開始從連十二公尺都游不完就吃水的旱鴨子，到第四週完成了在長五十公尺深二百三十公分的泳道上，來回不停游三十公尺。

這天終於到來，一路上我一語不發，除了緊張也擔心中間溺水。幻想無數次可能會遇到的情景，直到下水那一刻，我告訴自己，我準備好體力也準備好配備了，我能夠完成這次的挑戰！

雖然中間一度想把手舉起來放棄，但我只要一想到在三十二歲的生活裡，還沒有真正挑戰過自己害怕的東西，就說什麼也不想放棄。直到看到一個標誌，上面寫著：「加油！只剩下一千公尺！」這真是一劑強心針，我原本恐慌的心被鼓舞起來了。

總算，我做到了！我克服了自己一直害怕的事！

我想到我在三月份看到憲哥《行動的力量》書上寫的：「改變不一定會更好，但不行動永遠不知道答案。」原來我可以徹底改變我對於水的恐懼，原來我也可以是個抬頭蛙高手。

這樣的熱情也影響了我一位大學同學，她跟我一樣對水害怕，一樣一次次面對內心的惡魔告訴我們不要練習了，但我們都願意扭轉觀念準備好體力，全力以赴堅持到底。

我不但克服了自己內心的恐懼，也連帶影響了我周遭的朋友們。除了佩服我的勇氣之外，更是對他們勇敢面對自己挑戰的一大鼓勵。將焦點放在行動上，當下就去執行吧！因為，能改變自己的人，只有自己。

說故事影響力：用影片說故事，感動許多人

（上班族晨型人　林美華）

二〇〇九年十一月二十九日對我來說是個值得紀念的日子。因為從這天起，我開始早起，開始寫晨間日記。直到寫這篇分享的此刻，仍然持續著這個習慣。

算一算這樣的晨間生活已經有七百多天了。當初決定這麼做的原因，是渴望從黯淡的生活中，重新找回生活的平衡與光亮，並且重新學習堅持。強烈想要改變的心情，讓我決心從「早起」這件微小的事情開始。

微小的事看似簡單，但簡單的事能不間斷地重複做，就是一個挑戰。從連續二十一天讓一件事變成習慣，再到持續六十六天。這一天又一天微小而堅持的行動，逐漸改變了我的生活。

在每一個一百天的里程碑，送自己一份禮物，鼓勵著自己繼續朝著下一個里程碑邁進。一百天、二百天、三百天，再到第四百天，內在的能量

在累積之中愈見豐厚。

今年的一月二日是我連續第四百天早起，我上傳了一段約七分鐘的自創影片，名為「早起是一天美好的開始」，做為送給自己也送給大家的特別禮物。

透過網路的散播力量，影片的感染力與影響力逐漸被傳開。藉由盛行的臉書和微博等社群工具，讓這段影片的觀看次數不斷地增加。而我陸續收到的回饋，一次又一次出乎意料……

好多人告訴我，看完影片很感動，受到鼓勵；還有人說，每次看都獲得積極與正面的力量；也有人說，重覆看著影片來激勵自己。聽到這些話，感受到自己能影響別人，真的很讚！

接著令我驚訝的是，這段影片還在深圳的小型聚會、西安的研習會，以及河北石家莊的培訓課程中被播放，為一些人帶來感動與美好，讓影片的影響力跨越了地域。

五月二十六日，因為機緣而在臉書上認識了憲哥。憲哥不但轉貼分享了這段影片，之後很榮幸受到他的邀請，跟著他的課程去到企業內，做行動的力量的實際案例分享。其實，上台這件事是自己的弱項。但我心想，如果自己微小而堅持的故事可以感動一些人、帶給別人好的影響，何樂而不為呢？

至今，參加了四場、接觸了共近二百五十位的觀眾，在每一場近距離演講的當下，我都充分感受到分享故事後對學員造成的影響力。每當聽到學員說要下定決心有所行動時，心中總是暖暖的。對我來說，能夠用影片或說故事來帶給別人感動，進而對人產生正面的影響，就是最棒的回饋！

說話的影響力：一堂課的影響，讓我克服困難

（金融銀行業主管　許凱洛）

今年四月，公司安排我去上了一堂「業務團隊領導鼓動營」，認識了憲哥。在遊戲的過程中及最後的總檢討之後，憲哥帶領著我們連結到工作。讓所有即將接任主管職的學員深刻的了解到，團隊策略的執行遠勝於單靠個人力量的單打獨鬥。

當天憲哥在課後告訴大家，四月十七日是他的第一本新書《行動的力量》慶功簽書會，邀請大家參加。對於曾實際執行過二十一天法則，了解威力有多強大的我來說，當然是不容錯過的！沒想到當我真的拿出實際的行動到場之後，憲哥在簽書會當下竟點名我上台分享。讓原本在陌生的人群前會害羞膽怯的我，能克服緊張與恐懼，順利的上台分享個人經驗。行動的力量果真能改變並幫助一個人！

但真正改變我最多的是在我看完這本書後，憲哥跟我說過的幾句話。

因為同事請了產假，主管要求我當她的職務代理人兩個月，當時的工作量過大且超出負荷太多，即使每天加班到十點也無法完成所有工作，當下在完全得不到任何支援與協助的情況下，再加上其他單位詢問我是否有意願輪調，一度讓我認真的思考是否要離開這個單位？

就在我告知憲哥我的疲憊及想異動的想法後，憲哥問我：「你願不願意接受極困難的挑戰？磨練是為了自己，迎戰不合理也是為自己，你喜歡哪個？」短短幾句話讓我重新思考。

眼前的挑戰是極為艱鉅的，但是若能通過考驗，不就再次證明自己的能力與價值？下定決心正面迎向挑戰的我，回絕了其他單位的徵召，全心投入工作，接受這難得的考驗與磨練。兩個月過去之後，我順利達到目標，同時也創下紀錄，拿下季冠軍！

回想這一段心路歷程，就有如憲哥在書裡面提到的：挑擔要撿重擔挑，行路要往難路行。不要怕難關，不要怕重擔，當你鼓起勇氣和毅力決心去面對，去開始行動，你就能擁有百分之百的力量，幫你克服一切難題！

寫出影響力：文字，也可以擁有影響力

（部落客 Eureka）

三十歲，代表什麼？當我真正走進這個年齡，沒有一個稱職的頭銜，也沒有多餘的存款，在情人離開後，健康一落千丈，當時深深感到自己一無所有。直到有一天，無意在書店中翻到一句話：「少嘗試，是人生的一道檻。跨過去，生命風光無限。沒有嘗試，就會顯露出人生的膚淺蒼白。」

這一句話，像一句咒語，頓時解開內心的千千結。我想著，如果人生最糟就是這樣，那麼，還有比現在更糟的事嗎？當想透這一點之後，隔天，隨即辭去工作，找一個陌生的地方，純粹地放空。

我選了一個離台灣不遠的小島，達悟族語裡的「人之島」，孕育美麗蘭花的「蘭嶼」。這趟三十歲才展開的獨自旅行，跨過人生的界線，在這五天四夜裡，沒有城市喧鬧的聲響，沒有對成功的期待，有的只是無盡的藍天大海，以及最純真的笑臉。這趟旅程裡，我體會到，人生所追求的成功是沒有標準的，只有自己才知道什麼是最好的。

沉澱一年後，我將這趟旅程化為一封封的情書，將當時所有的感觸都寫在部落格上。原本以為不會有人看，卻沒想到得到很多格友的迴響，甚至有人跟著我的腳步踏上蘭嶼，展開一場尋覓之旅。

很多人問我，為什麼這麼認真的經營部落格，難道可以賺大錢嗎？的確，我有時候也會問自己：「這樣花時間、花精力的寫，求的是什麼？」

直到有天在公司安排的一門行銷課上，聽到了憲哥的課。當他說到「行動」的力量時，我也想起當年去蘭嶼時的心情。

雖然在下課後和憲哥交換了名片，但萬萬沒想到一位忙碌的講師會真的抽空看我寫的文章。後來，憲哥還在我開始對寫部落格感到徬徨時，不斷鼓勵我繼續寫下去。

有一次，我接到新興旅社老闆打來的電話，他說謝謝我這麼用心地介紹他們的旅社，有不少人因為看到我的介紹，而跑去苗栗住這家有五十年歷史的老旅舍。

第一次被這樣感謝著，內心彷彿有一道暖流流過，我萬萬沒想到，不過是一篇文章，能感動一個陌生人，也幫助了一間老旅社。

此時，我才真正發現：文字，可以擁有影響力！

學員分享

＊憲哥憑藉過人的表達力及感染力，列為一等金牌講師實至名歸！

——國內知名銀行訓練承辦人　蔡明徽

＊很多學員告訴我，上完憲哥的課後發現自己潛能無限！這就是憲哥的魅力！

——永豐金控訓練承辦人　陳汝莉

＊用生命歷練，傳遞每一次的精采；用授課分享，傳遞每一次的感動，每位學員都親身感受到憲哥熱情的渲染力！

——憲哥的前課程經紀人代表　趙良安

＊憲哥的感染力，觸動學員的心。課程後，他的影響力，持續不斷發酵中。

——台新銀行訓練承辦人　石宛書

＊原來簡報可以這麼表達！這是上完憲哥簡報課程第一手的體會。

——永豐金控　林雨農

＊憲哥的簡報技巧課程是我在永豐銀行從業以來，評價最高的一門課。尤其是憲哥利用聲音呈現來帶動聽眾共鳴的技巧，讓我獲益匪淺。

——永豐銀行　鍾東仁

＊對於業務員來說，憲哥是最棒的講師；對所有人來說，憲哥是生命的啟發者。

——21世紀不動產新竹光復店店經理　湯乾文

＊十一年前，我看著憲哥用熱情和行動影響整個業務團隊，十一年後，憲哥用無私的分享與豐富的經驗影響更多職場人。

——永豐銀行　王晴玉

＊憲哥說的話打動了我的心，原來做業務是可以如此的快樂，唯有實際的行動，才可以展現扭轉困境的力量。

——永豐銀行內壢分行　徐銘宏經理

＊憲哥對於工作的過人熱情與執著及豐富的生活經驗，不斷的帶給大家正面能量，這才是成功的關鍵！

——永豐金證券期貨顧問部　林威廷

*上憲哥的課，總是能激發每個人內心深處的那股熱情！看憲哥的書，總是能延續這股熱情，並幻化成行動的力量！

——台新銀行　韓忠龍經理

*《行動的力量》讓代表台大參加兩岸創業競賽團隊的我們，用行動把冠軍榮耀成功帶回台灣。感謝憲哥，您是我們最棒的導師！

——台大研究所馬來西亞僑生　林學誠

*正面、積極、熱情、誠懇，憲哥隨時在用這些簡單的元素在影響周遭的人，他總是將簡單的事做到最好。

——奇力新電子　陳寧世經理

*他的熱情，激勵著我熱血的靈魂；他的文章，安撫著我受挫的心靈。他是憲哥，讓我生命中滿是收割；有了憲哥，生命是一首美麗的歌。

——遠東銀行嘉義分行經理　吳家德經理

*憲哥？也許很多人不認識他！也許很多人聽過他！最重要的是，他已經影響了台灣許多精英！憲哥旋風正在形成中。

——特力屋　劉勇志

＊要在一整天課程後，讓台大學生聚精會神地聆聽與課堂、學分、成績扯不上關係的演講，看似不可能，但憲哥做到了！

——台大會計系學生　張曼馨

＊去年的一堂課，居然可以熱情到像昨天才上過！他！不是別人，就是憲哥！

——全虹通訊　蕭店長

＊人生中總有許多導師，就好比一把「對」的鑰匙打開了那道鎖，憲哥就是對的那把鑰匙！

——特力屋　鄧禮育（憲哥第四萬名學員）

＊生是偶然，死是必然，再不行動，一生了然！

——特力屋　黃振添（憲哥第四萬名學員）

＊憲哥說話是有畫面的，那幕「冬夜迎著寒風細雨補英文，終在限期內兌現對老闆的承諾」深深深烙在我的腦海，堅持始能成就夢想！

——永豐保代　宋紫菱經理

＊看憲哥的書，聽憲哥的課，我目前已經成功減重二十五公斤。行動的力量是無限大的！

——台新銀行　許之芸

＊新媒體時代，憲哥不僅說出寫出他的影響力，同時也創新透過「憲場觀點」影片，用「影」來說、影響新視界！

——中華民國微電影協會祕書長　賴麗雪

＊話多不如話少，話少不如話好！憲哥的獨家心法，盡在這本寶典，教大家「說好話」，成為受歡迎且具影響力的人！

——法國標準協會業務代表　李誌偉

＊如果你要找一本書讓你站上舞台言之有物、充滿畫面並讓聽眾投入在你的節奏，《說出影響力》就是這本書。

——銀行MA儲備幹部　陳昭廷

＊憲哥錄製「憲場觀點」，短短幾分鐘論敘述一兩個觀點，就能打入人心，讓人立刻自我反思或行動；《說出影響力》一書，將憲哥的心法與技法無私作分享，只要套入簡單公式、應用祕訣，你也能說出你的影響力。

——Colors知名講師　莊舒涵

＊蝴蝶效應講的是北非的一隻蝴蝶揮動翅膀，會因此引發半個世界外的颱風，而憲哥的書就是教你怎樣做那一隻蝴蝶、發揮你的影響力！

＊憲哥是位溫暖的巨人：有料、有趣、有種。「我還能為別人做些什麼」是憲哥中心思想，做一個「給人力量的人」是憲哥的行為模式，憲哥是一生一定要擁有的一位朋友。

——法商依視路集團業務協理　詹子瑢

＊憲哥這本有效、有趣的工具書，不但讓我學會如何與病患有效溝通，更讓我在學術研討會的專業醫學簡報大放異彩！

——澄清醫院門診護理長　吳淋禎

＊我曾經在講台上遇到瓶頸，感謝憲哥提供公式、案例及實際演練，帶給我改進建議，願有一天能跟你一樣「說出影響力」。

——成大醫院骨科部主治醫師　戴大為

＊憲哥常說：「台灣不缺抱怨的人，只缺捲起袖子做事的人。」他的夢想講座、錄影、出書激勵了無數人，十足的說出影響力代表人物。

——佛光山青年講師　陳俗均

——企業培訓專業講師　邱靖蓉

＊憲哥說：「台灣不缺抱怨的人，缺捲起袖子做事的人。」這句話，讓我對社會不再埋怨、不再只有批評。讓我們一起捲起袖子，用行動改變這個世界吧！

——高雄榮總急診部主治醫師　楊坤仁

＊在這本書中感受憲哥的熱情與持續不斷的燃燒，讓迷惘的人生找到希望與方向！

——憲福講私塾一班學員　廖桂香

＊有一種感動是來自平常簡單，沒有太多的修飾，沒有表面功夫直達內心，最原始的初衷，用熱情分享，用生命演講。我願意受憲哥影響，也用熱情感動更多的人，用生命影響生命！

——劉大潭希望工程關懷協會理事長　李秋玉

＊「說出影響力」就是把話說清楚、把話說到位、把話說到感動人心，不管你在職場中扮演哪個角色，憲哥的著作內容絕對能幫助你在關鍵時刻，說出影響力。

——聯華食品通路經理　葉偉懿

＊《說出影響力》是我買的第一本憲哥寫的書，因為這本書我去上了憲哥的公開課，因為這個公開課，讓我的世界拓展了版圖，我推薦《說出影響力》！

——成大醫院骨科部住院醫師　鍾玉軒

＊憲哥是行動力滿分、急公好義的知名企業講師；《說出影響力》是憲哥最具指標的書籍，在書中不藏私分享說話藝術，表達訣竅與影響人的超說服技巧。想要在職場上高人一等的你，還在等什麼呢？

——臨床心理博士　周鉦翔

＊和憲哥緣起於這本書，易讀易懂的書讓我覺得憲哥是位厲害的作家。和憲哥接觸後，深深感受到他不只是厲害的作家，更是位影響家，每句話都帶給大家正面的影響。當我重新再翻閱憲哥本著作，發現，書上寫的都是憲哥實際的作法，而憲哥的行動都寫在書上。

——企業講師　蔡湘鈴

＊看過這本書，幫助你放心地關注情境、條理分明的表達、輕鬆釐清訴求，說出關鍵影響力。

——心理師　汪士瑋

＊一首歌，不同人唱，不同的感動。一句話，憲哥說出來，總是充滿能量、熱情卻又能入心！擁有讓人無法忽視的影響力！

——知名金融機構助理副總裁　蕭立群

國家圖書館出版品預行編目資料

說出影響力（新編版）：3分鐘說一個好故事，不說理也能服人／ 謝文憲作. -- 二版. -- 臺北市：春光出版：家庭傳媒城邦分公司發行, 民104.12

面； 公分

ISBN 978-986-6572-84-5（平裝）

1.說話藝術 2.口才 3.溝通技巧

192.32 100023247

說出影響力（新編版）

3分鐘說一個好故事，不說理也能服人

作 者／謝文憲
企劃選書人／林潔欣
責任編輯／林潔欣、楊秀真

行銷企劃／周丹蘋
業務主任／范光杰
行銷業務經理／李振東
總 編 輯／楊秀真
發 行 人／何飛鵬
法律顧問／台英國際商務法律事務所 羅明通律師
出 版／春光出版
台北市104中山區民生東路二段 141 號 8 樓
電話：(02) 2500-7008 傳真：(02) 2502-7676
部落格：http://stareast.pixnet.net/blog
E-mail：stareast_service@cite.com.tw
發 行／英屬蓋曼群島商家庭傳媒股份有限公司城邦分公司
台北市中山區民生東路二段 141 號11 樓
書虫客服服務專線：(02) 2500-7718 / (02) 2500-7719
24小時傳眞服務：(02) 2500-1990 / (02) 2500-1991
讀者服務信箱E-mail: service@readingclub.com.tw
服務時間：週一至週五上午9:30～12:00，下午13:30～17:00
劃撥帳號：19863813 戶名：書虫股份有限公司
城邦讀書花園網址：www.cite.com.tw
香港發行所／城邦（香港）出版集團有限公司
香港灣仔駱克道 193 號東超商業中心 1 樓
電話：(852) 2508-6231 傳眞：(852) 2578-9337
E-mail : hkcite@biznetvigator.com
馬新發行所／城邦（馬新）出版集團 Cite(M)Sdn. Bhd
41, Jalan Radin Anum, Bandar Baru Sri Petaling,
57000 Kuala Lumpur, Malaysia.
Tel: (603) 90578822 Fax:(603) 90576622
E-mail:cite@cite.com.my

封面設計／黃聖文
內頁排版／極翔企業有限公司
印 刷／高典印刷有限公司

城邦讀書花園
www.cite.com.tw

■ 2011 年（民 100）12月 1 日初版
■ 2024 年（民 113）2月 23 日二版17刷

Printed in Taiwan

售價／280元

ISBN 978-986-6572-84-5 EAN 4717702092276

104台北市民生東路二段141號11樓

英屬蓋曼群島商家庭傳媒股份有限公司

城邦分公司

請沿虛線對折，謝謝！

遇見春光．生命從此神采飛揚

春光出版

書號： OK0075X	**書名：** 說出影響力（新編版）：3分鐘說一個好故事，不說理也能服人

請於此處用膠水黏貼

讀者回函卡

謝謝您購買我們出版的書籍！請費心填寫此回函卡，我們將不定期寄上城邦集團最新的出版訊息。

姓名：＿＿＿＿＿＿＿＿＿＿＿＿＿＿＿＿

性別：□男 □女

生日：西元＿＿＿＿＿＿年＿＿＿＿＿＿月＿＿＿＿＿＿日

地址：＿＿＿＿＿＿＿＿＿＿＿＿＿＿＿＿＿＿＿＿＿＿

聯絡電話：＿＿＿＿＿＿＿＿＿＿ 傳真：＿＿＿＿＿＿＿＿＿＿

E-mail：＿＿＿＿＿＿＿＿＿＿＿＿＿＿＿＿＿＿＿＿＿＿

職業：□1.學生 □2.軍公教 □3.服務 □4.金融 □5.製造 □6.資訊

□7.傳播 □8.自由業 □9.農漁牧 □10.家管 □11.退休

□12.其他＿＿＿＿＿＿＿＿＿＿＿＿＿＿＿＿

您從何種方式得知本書消息？

□1.書店 □2.網路 □3.報紙 □4.雜誌 □5.廣播 □6.電視

□7.親友推薦 □8.其他＿＿＿＿＿＿＿＿＿＿＿＿＿＿

您通常以何種方式購書？

□1.書店 □2.網路 □3.傳真訂購 □4.郵局劃撥 □5.其他＿＿＿＿＿

您喜歡閱讀哪些類別的書籍？

□1.財經商業 □2.自然科學 □3.歷史 □4.法律 □5.文學

□6.休閒旅遊 □7.小說 □8.人物傳記 □9.生活、勵志

□10.其他＿＿＿＿＿＿＿＿＿＿＿＿＿＿＿＿

請於此處用膠水黏貼